Osman Engin

Oberkanakengeil

Geschichten aus dem deutschen Alltag

Deutscher Taschenbuch Verlag

Von Osman Engin
ist im Deutschen Taschenbuch Verlag erschienen:
Kanaken-Gandhi (20476)

Für meine
oberkanakengeilen Freunde
Ralf, Gabi, Lena

Juni 2003
Deutscher Taschenbuch Verlag GmbH & Co. KG,
München
www.dtv.de
© 2001 Espresso Verlag GmbH, Berlin
Umschlagkonzept: Balk & Brumshagen
Umschlagbild: © Til Mette
Gesetzt aus der Bodoni 10/12˙
Gesamtherstellung: Druckerei C. H. Beck, Nördlingen
Gedruckt auf säurefreiem, chlorfrei gebleichtem Papier
Printed in Germany · ISBN 3-423-20631-1

Inhalt

Der Vaterlandsverräter

»Herr Engin, ich freue mich, den bekanntesten türkischen Hip-Hop-Musiker Europas hier in meiner Talkshow als Gast zu haben!«

»Ich und Musiker? Ich hasse Musik! Ich hasse jede Art von Musik und alle Kassettenrekorder! Ganz besonders hasse ich den Kassettenrekorder von meinem Sohn Mehmet!«

»Was ist denn das für ein Spinner?«, fragt der Fernsehmoderator einen der vielen Wichtigtuer, die im Studio rumlaufen.

»Der glaubt, er wäre ein Schriftsteller!«, lächelt der Wichtigtuer mit dem rosafarbenen Seidenhemd.

»Herr Engin, ich freue mich, den bekanntesten türkischen Schriftsteller Europas hier in meiner Talkshow als Gast zu haben!«

»Ich bedanke mich für Ihre freundliche Einladung und bin auch sehr glücklich, dass ich . . .«

»Halt, halt, Sie sind noch nicht dran! Wir sind noch nicht auf Sendung! Sind Sie denn blind? Sehen Sie nicht, dass das rote Licht noch nicht an ist?!«

»Das mag für Sie ja so sein, aber ich kann auch ohne rotes Licht glücklich sein! Ich bin bescheiden!«

»Herr Engin«, schleimt mich gleich darauf der Fernsehmoderator an, »ich freue mich, den bekanntesten türkischen Schriftsteller Europas hier in meiner Talkshow als Gast zu haben! Hier in der Heimat sind wir sehr, sehr stolz auf Sie!«

»Ich freue mich ja auch, hier zu sein, aber worauf sind Sie denn jetzt stolz?«, wundere ich mich.

»Seien Sie doch nicht so bescheiden, Herr Engin. Sie

wissen doch selbst, warum wir so stolz auf Sie sind«, sagt er und lächelt die Kamera an.

Meine Frau Eminanim hat mich in der Türkei gleich bei zwei Dutzend kleinen Fernsehsendern als »Gastarbeiter, der alleine lesen und schreiben kann«, denunziert. In der Hoffnung, so den teuren Sommerurlaub finanziert zu bekommen. Diese privaten Fernsehsender vermehren sich dort wie die vielen Millionen Arbeitslosen in Nürnberg.

»Aber Herr Engin, Sie sind doch einer unserer Künstler im europäischen Ausland. Unsere ganze Nation ist stolz auf Sie.«

»Ach, sagen Sie bloß, haben Sie etwa meine Bücher gelesen?«

»Öhm . . . eh . . . direkt gelesen nicht.«

»Indirekt?«

»Hmm . . . öhm . . .«

»Haben Sie überhaupt schon mal ein Buch gelesen?«

»Hmm . . . na ja . . .«

»Wissen Sie überhaupt, wie ein Buch aussieht? Ich gebe Ihnen einen Tipp: Man kann es nicht essen und es hat keinen Busen!«

»Ehhe . . . höh . . . aber das tut ja auch nichts zur Sache. Wichtig ist nur, die gesamte Türkei einschließlich Zypern und Nordirak ist stolz auf Sie!«

»Können wir nicht über was anderes reden als darüber, wer stolzer als der andere ist?«

»Wollen Sie hier jetzt etwa neue Sitten einführen? Ich will doch nur hören, dass Sie auf unser Land ebenfalls stolz sind!«

»Eigentlich nicht so sehr.«

»Wie bitte? Herr Engin, Sie leben ja nun schon seit langen Jahren im Ausland und sind gezwungen, auf Deutsch zu schreiben, darunter hat Ihr Türkisch gelitten. Sie haben sich eben falsch ausgedrückt. Eigentlich wollten Sie doch sagen: Ich bin stolz, ein Türke zu sein!«

»Ich bin stolz, die dreißig Jahre Ehe mit meiner Frau überlebt zu haben.«

»Wurden Sie durch die PKK, die IRA, die ETA, die CIA, die Mafia, die Frauenbewegung oder eine andere Terrororganisation zu der Aussage ›Ich bin nicht stolz auf mein Land‹ gezwungen?«

»Aber Herr Moderator, warum sollte ich denn auf ein Land stolz sein? Also auf Steine, Sand und Erde, die seit Millionen von Jahren existieren und denen völlig egal ist, wer auf ihnen herumturnt.«

»Aber Ihre Mutter hat Sie doch hier in der Türkei geboren?«

»Ja, und wenn meine Mutter mich zufällig auf dem Nordpol bekommen hätte, müsste ich dann stolz auf den Nordpol sein? Ich könnte höchstens auf die grandiose Leistung meiner Mutter stolz sein, dass sie einen solchen Prachtkerl wie mich geboren hat! Aber doch nicht auf einen Berg von Eisklötzen!«

»Wissen Sie, wie man so was wie Sie nennt?«

»Früher nannte man mich ›Türkischer Gastarbeiter‹, heute nennt man mich ›Ausländischer Mitbürger‹ oder ›Scheißausländer‹! Meine Frau nennt mich ›Dämlicher Kanake‹ und meine Kinder rufen: ›Hey Alter, schieb mal Kohle rüber!‹«

»So was wie Sie nennen wir hier Vaterlandsverräter!«

»Vielen Dank für das Kompliment«, sage ich und winke meinem millionenfachen Publikum durch die Kamera zu.

»Wollen Sie mich etwa provozieren, Sie hergelaufener Schmierfink, Sie!!«

»Aber nicht doch, das ist doch inzwischen ein Kompliment in diesem Land. Die Leute, die am lautesten schreien: ›Ich liebe die Türkei‹, die bauen Chemiefabriken in Naturschutzgebieten. Und leiten die Abwässer von ihren Hotels einfach ins Meer. Erst heute Morgen habe ich ein paar Leute beim Picknick im Park beobachtet. Der Erste hat eine ganze

Wagenladung voll Müll ins Gebüsch geschüttet. Der Nächste hat fast einen halben Baum abgerissen, weil ein Ast seine Sicht störte. Ich habe denen gesagt, ›sowas solltet ihr nicht machen, denkt an eure Umwelt‹. Aber die haben nur gebrüllt: ›Du Terrorist, du Vaterlandsverräter!‹. Daraufhin rief ein Dritter, der gerade hinter einem Baum seine Notdurft erledigte: ›Diese grünen Vaterlandsverräter beschmutzen unser Land. Diesen kommunistischen Separatisten ist gar nichts heilig!‹«

»Entweder Sie lieben unser Land, Sie Mistkerl, oder Sie hauen wieder nach dorthin ab, wo Sie hergekommen sind!«

»Lieben tue ich meine fünf Kinder und meine Ehefrau, zumindest die ersten zwei Monate habe ich sie geliebt. Aber ein Land kann man doch bestenfalls mögen oder nicht mögen. Und meinen alten Kumpel Zafer, den liebe ich natürlich auch!«

»Schnitt! Aus!! Schafft mir diesen Vaterlandsverräter hier weg!«

Mein Freund Zafer, der mich ins Studio begleitet hat, packt mich am Arm:

»Los, komm, Osman, wir müssen hier raus.«

Der Moderator kriegt einen Tobsuchtsanfall und schlägt seinen Kopf abwechselnd auf Kamera drei und Kamera fünf und flucht: »Habe ich euch Idioten nicht ausdrücklich gesagt: Ich will nur Sänger, Fußballer, Bauchtänzerinnen und Politiker in meiner Sendung haben?«

»Aber seine Frau hat uns doch am Telefon versichert, der Kerl sei genauso hohl«, heult das Häuflein Elend in dem rosaroten Seidenhemd.

Überall auf den Fluren zeigen die Leute auf mich und schimpfen:

»Das ist er, dieser Deutschling, der Vaterlandsverräter!« Mit einer geschickten Körpertäuschung weiche ich der Spucke des Pförtners aus:

»Du Separatist, du Hundesohn, du Anarchist!«

»Nein, den fahre ich nicht«, weigert sich der Taxifahrer vor dem Sender, »aber platt fahren würde ich den Kerl liebend gerne!«

»Wir laufen lieber bis zum Hotel«, sage ich.

»Da kannst du ja gleich zum Polizeirevier gehen«, schimpft Zafer, »die Bullen warten garantiert schon vor dem Hotel.« Genau in dem Moment klatscht eine Tomate in meinen Nacken. »Aufhängen sollte man das Pack. Wenn man ein Paar von der Sorte aufknüpft, dann wird niemand mehr so was wagen!«

»Zafer, ich weiß immer noch nicht, was ich so Schlimmes verbrochen habe?«

»Du hast die Menschen hier total beleidigt.«

Ein faules Ei fliegt haarscharf an meinem linken Ohr vorbei. »Wir müssen zumindest aus dem Bazar raus. Hier haben die Leute zu viel Munition. Zafer, kann ich mal dein Handy haben, ich muss dringend meine Eltern anrufen.«

»Du liebst unser Land nicht«, schluchzt meine Mutter, »hätte ich doch lieber einen Stein geboren als dich Vaterlandsverräter! Ich will nichts mehr von dir hören, Osman!« Klack!!

»Sag mal, Zafer, sind hier alle verrückt geworden? Ist es denn wichtiger, ein Stück Land zu lieben als die Menschen?«, frage ich fassungslos.

»Pöh, was bedeutet schon ein Menschenleben in der Türkei«, sagt Zafer, »jährlich opfern wir Tausende im Straßenverkehr, Tausende im Krieg im Osten, Tausende lässt man einfach verschwinden, Tausende begehen Selbstmord, Tausende werden einfach so ermordet. Und der Rest wünscht sich tot zu sein! Menschen sind unwichtig, wichtig ist nur das Land!«

»Aber den Boden hier gibt's doch schon seit Jahrmillionen. Da wird man drauf geboren, ob man will oder nicht.

Um die Menschen geht es doch, das Leben ist so schrecklich kurz!«

»Genau, die Menschen sind vergänglich! Deswegen lieben wir hier unsere Steine.«

Zafer schmuggelt mich durch den Hintereingang in ein anderes Hotel.

»Osman, warte hier im Zimmer. Rühr dich nicht vom Fleck und sprich mit niemandem. Ich versuche deine Koffer zu holen.« Vom Zimmer aus rufe ich meine Frau im Ferienhaus an. »Osman, was sind das bloß für Verhältnisse in diesem Land, dass selbst ein Vollidiot wie du wie ein weiser Mann klingt?«

»Das tut mir Leid«, sage ich, »ich bin auch selber völlig schockiert!«

Ich schalte den Fernseher an:

»Aus Anlass der aktuellen Ereignisse sehen wir uns gezwungen, unser Programm zu ändern ...«, sagt die Sprecherin mit bedrückter Stimme.

»Schon wieder ein Erdbeben?«, frage ich mich.

»Viel schlimmer als ein Erdbeben«, antwortet sie, »die Unruhen, die durch dieses verhängnisvolle Interview verursacht wurden, weiten sich über das ganze Land aus ...«

Ich schalte schnell auf ein anderes Programm:

»Ein Separatist bringt das Land an den Rand des Bürgerkriegs ...«

»Der TV-Sender, der das Interview mit dem Vaterlandsverräter Osman E. ausstrahlte, wurde von aufgebrachten Bürgern niedergebrannt ... Das Militär ist beunruhigt, es wird stündlich mit einem Putsch gerechnet!

Bä-En-De

»Hallo, schönen guten Abend, kommen Sie doch mal hier rüber zu mir«, brüllt jemand höllisch laut quer durch die gesamte Kneipe, noch bevor ich mit einem Fuß drin bin. Diesen fremden Kerl kenne ich überhaupt nicht.

»Genau, hier hinten sitze ich, kommen Sie, setzen Sie sich zu mir!«

Dieser laute Mensch tut so, als würde er mich mindestens seit meiner Beschneidung vor fünfzig Jahren kennen. Dabei kann ich mich an gar keinen deutschen Gast erinnern, der bei meinem Beschneidungsfest im Kaukasus dabei gewesen sein soll. Ich gehe heute wirklich zum ersten Mal in diese Kneipe, um schnell mal Geld zu wechseln. Die zweitgrößte Nervensäge des Mittleren Orients erlaubt mir doch nie, in Kneipen zu gehen. Ich darf nicht mit fremden Männern reden. Mit fremden Frauen sowieso nicht!

»Herr Engin, kommen Sie an meinen Tisch. Lassen Sie uns gemeinsam auf Ihr Wohl trinken.«

Woher kennt der Opa meinen Namen?! Welch Glück, dass ich Eminanim nicht dabeihabe. Die würde denken, ich besauf mich mit dem Kerl jeden Tag hier.

»Jetzt setzen Sie sich doch endlich her zu mir, Herr Engin.«

Er spricht meinen Namen ohne irgendeinen Akzent aus, so als würde er ihn täglich ein Dutzend Mal hören.

»Herr Engin, ich habe Ihren Namen in den letzten Jahren mindestens ein Dutzend Mal täglich gehört«, bestätigt er.

Ich bin so neugierig, dass ich mich zum ersten Mal in meinem zweiundfünfzigjährigen Leben in einer Kneipe zu einem fremden Mann an den Tisch setze. So schrecklich fremd kann er ja gar nicht sein, schließlich kann er meinen Namen akzentfrei aussprechen. Oder ist das eine neue Masche der Kinderschänder, um sich an kleine Jungs ranzumachen?!

»Guten Abend, entschuldigen Sie bitte, woher kennen Sie mich?«, frage ich schüchtern und stecke mir unbemerkt den Pfefferstreuer ein, für den Fall, dass er mir an die Wäsche will.

»Herr Engin, ich freue mich so, dass ich Sie nach all den Jahren einmal persönlich kennen lernen kann. Hubert, bring doch mal meinem Kumpel hier auch ein Helles mit Korn!«

»Nein, danke, ich darf keinen Alkohol trinken.«

»Ach ja, ich vergaß, wegen Mohammed.«

»Nein, wegen Eminanim.«

»Natürlich, wie konnte ich das bloß vergessen! Wie geht's übrigens Ihrer lieben Gattin Eminanim?«

»Danke der Nachfrage, woher kennen Sie denn meine Frau?«

»Ich glaube, ich kenne Eminanim Engin ein Stückchen besser als Sie. Hat das alte Mädchen endlich seine Wechseljahre hinter sich?«

Jetzt ist er aber zu weit gegangen! Hat der Opa etwa ein Verhältnis mit meiner Frau?!

»Nehmen Sie mal kurz Ihre Brille ab«, sage ich und schütte ihm eine volle Ladung Pfeffer ins Gesicht.

»Aauuaa, was soll denn das, Herr Engin?! Was habe ich Ihnen denn getan?«, jammert der Ehebrecher mit verheulten Augen.

»Bei uns im Kaukasus feiert man so Wiedersehen! Herr Kellner, bringen Sie mir bitte ein Glas warme Milch und einen neuen, vollen Pfefferstreuer!«

»Herr Engin, Sie haben ja wirklich schmerzhafte Sitten da drüben. Was soll's, jetzt erst mal Prost! Wissen

Sie eigentlich, dass Sie lange Jahre mein Arbeitgeber waren?«

»Ich und Arbeitgeber? Ich bin froh, dass ich selber meinen Job in Halle 4 immer noch habe!«

»Verzeihen Sie bitte, Herr Engin, ich habe ganz vergessen mich vorzustellen, meine Name ist Hörspuck, Dieter Hörspuck. Aber ab nächster Woche ist endgültig Schluss damit!«, sagt er mit roten Augen.

»Wer will Schluss machen? Sie oder meine Frau?«, schimpfe ich und entsichere den Pfefferstreuer.

»Nächste Woche gehe ich in Rente. Dann arbeite ich nicht mehr für den BND.«

»Bä-En-De? Was soll das sein?«

»Bundesnachrichtendienst! In den letzten sechs Jahren hatte ich dort die Aufgabe, Ihr Telefon abzuhören und Ihre Post zu lesen.«

»Oh, das tut mir aber Leid für Sie.«

»Ach, nicht der Rede wert, meine Augen haben sich schon an den Pfeffer gewöhnt.«

»Ich meine doch nicht das Zeug hier, Herr Hörspuck, Sie tun mir Leid, weil Sie den ganzen Quatsch bei uns am Telefon mitanhören mussten.«

»Wissen Sie, Herr Engin, mein berufliches Pech war es, dass Ihre Frau ihre Wechseljahre hatte und dazu noch zwei telefonsüchtige Töchter im Teeniealter.«

»Herr Hörspuck, es ehrt mich sehr, dass Sie mich abhören, wo doch weder meine Frau noch meine Kinder mir zuhören. Es ist ein schönes Gefühl zu wissen, dass man Gehör findet. Von mir aus können Sie noch ein bisschen weitermachen, bis auch meine Töchter ihre Wechseljahre bekommen. Aber was soll das Ganze? Was ist an mir so interessant, dass mich der Bä-En-De abhört?«

»Vor ein paar Jahren haben Sie doch mal so was Ähnliches wie ein Buch geschrieben. Wir vom Geheimdienst glaubten, dass aus Ihnen vielleicht mal ein richtiger Schriftsteller werden könnte!«

»Es tut mir Leid, dass ich Sie enttäuscht habe.«

»Ach, das ist halb so schlimm. Viele Leute haben durch Sie ihre Arbeit bekommen. Ich, ein Kollege von mir, zwei Tontechniker, zwei Fahrer, ein Fotograf, ein getarnter Briefträger und drei Dolmetscher . . .«

»So viele Unkosten für den deutschen Staat, nur um die Wechseljahre meiner Frau live mitzuerleben?«

»Machen Sie sich darüber keine Sorgen, Herr Engin, Ihre Unterlagen haben wir Gewinn bringend an den türkischen Geheimdienst weiterverkaufen können. An Schriftstellern im Ausland sind die brennend interessiert.«

»Aber ich bin doch gar kein richtiger Schriftsteller«, tue ich bescheiden, »ich habe weder einen Vollbart noch eine Tabakpfeife. Genie und Kreativität allein sind ja heutzutage nicht mehr ausreichend!«

»Dass Sie kein guter Schriftsteller sind, das wissen doch alle. Aber seit dem Zusammenbruch der Sowjetunion ist man ja als Geheimdienstler froh, wenn man überhaupt jemanden zur Überwachung hat. Mein Chef mag nur Krimi- und Liebesroman-Autoren. Aber die zynischen Satiriker, denen nichts heilig ist, die alles in den Schmutz zerren, die müssen beschattet werden.«

»Zu den Titanic-Autoren haben Sie dann ja sicherlich ein verwandtschaftliches Verhältnis.«

»Beim BND haben wir mehr Leute, die sich um die Titanic kümmern, als die Titanic Leser hat. Einige sind schon so intim mit denen, dass sie sie gerne heiraten würden.«

»Was hindert die daran?«

»Deren Ehefrauen.«

Plötzlich packen zwei Männer meinen Telefon- und Brieffreund Dieter Hörspuck an den Armen.

Nach einem kurzen Überraschungsmoment ruft er:

»Herr Engin, darf ich Sie bekannt machen: Das sind meine beiden persönlichen Beschatter. Deren Aufgabe ist es, Beschatter zu beschatten, damit sie nichts ausplaudern«, und flüstert mir dann leise ins Ohr: »Und die beiden werden von meinen drei Schwiegersöhnen beschattet, die links drüben am Tresen stehen!«

Ich kann mein Erstaunen kaum noch verbergen.

»Die ganze Kneipe ist voll. Findet dieser Massenandrang etwa nur statt, weil ich kurz mal Geld wechseln wollte?«

»Ja, Herr Engin. Ist das nicht oberkanakengeil, ey?«, strahlt er mich an.

Das ist der endgültige Beweis dafür, dass er Hatices Telefongespräche wirklich abgehört hat.

Nach ein paar Tagen klingelt zu Hause das Telefon. Am anderen Ende der Leitung höre ich meinen Brieffreund Dieter Hörspuck:

»Herr Engin, wie gesagt, das war meine letzte Woche im Amt, ich räume gerade meinen Schreibtisch auf. Sie wissen ja, wie viele junge Leute heutzutage arbeitslos sind und wie schrecklich es ist, wenn man Frau und Kinder zu versorgen hat. Meine jüngeren Kollegen hätten eine dringende Bitte: Schreiben Sie wieder eine Satire, egal wie schlecht sie ist! Herr Engin, inklusive der Angehörigen sind es mehr als hundert Leute, die Sie damit ernähren würden.«

»Ich habe schon mehrere tolle Bücher geschrieben«, sage ich, »aber die liegen alle unveröffentlicht in der Schublade.«

»Weil kein Schwein solchen Schwachsinn drucken will«, höre ich meine gehässige Frau in der Küche grummeln.

»Ach, machen Sie sich darum keine Sorgen, Frau Engin«, sagt mein Beschatter a. D. am Telefon. Bei Allah, meine Frau sitzt doch ganz weit weg da hinten in der Küche! Wie konnte der Dieter sie bloß hören?!

»Wir finden schon einen Verlag für Ihren Mann. Und wenn's der Bundesanzeiger ist.«

Satanische Verse

Ich habe einen ganz tollen, gesellschaftskritischen Roman geschrieben! Ich hoffe zumindest, er ist gesellschaftskritisch. Ich hoffe, es ist ein Roman! Damit meine achtjährige Tochter drei Wochen lang nach der Schule mein Buch schreibt und niemandem verrät, dass sie in Wirklichkeit die Autorin ist, habe ich einen reichlich hohen Preis bezahlt. Die nächsten zwei Monate darf sie ganz allein über die Fernbedienung des Fernsehers verfügen. Aber schließlich will ich als Schriftsteller etwas gegen die Armut und die Arbeitslosigkeit in Deutschland unternehmen. Allein durch mein Buch kommen beim deutschen Geheimdienst mehr als hundert Arbeitslose zu Brot und Arbeit. Seit Gorbatschow drehen die doch nur Däumchen. Aber nicht mal der BND konnte einen Verlag finden, der bereit war, mein Buch zu drucken.

Mein Agent Dieter Hörspuck vom BND sagte, er hätte alle Hebel in Bewegung gesetzt, aber die blöden Verlage meinen, sie wären weder die »Caritas« noch »Brot für die – osmanische – Welt«. Daraufhin haben die Nullnullsieben in ihrem eigenen Haus gesammelt, damit ich mein Buch zu einer Druckerei bringen kann. Für Geld würden die jeden Mist drucken, meinen die BN und die Ds. Mir schwebt natürlich eine sehr hohe Auflage von genau zweiundsiebzig Exemplaren vor. Damit ich bei all meinen Verwandten, Nachbarn und Kumpels in Halle 4 mit meinem eigenen Buch angeben kann. Eine gigantische Auflage für einen Newcomer als aufgehender Stern am Literaturhimmel. Aber mein persönlicher Verfassungsschützer Dieter Hörspuck meint:

»Herr Engin, lassen Sie das Buch doch in der Türkei drucken. Das gesammelte Geld reicht in Deutschland für eine so hohe Auflage von zweiundsiebzig Exemplaren nie und nimmer. Es sei denn, Sie wären mit einer viel kleineren Auflage von nur einem Stück einverstanden. Das eine Exemplar würden wir aber natürlich behalten.«

Selbst meine Frau Eminanim ist gegen eine Auflage von nur einem Exemplar, was mich im Innersten meines Herzens sehr stolz machte. Sie sagte wortwörtlich:

»Die bei der Behörde haben anscheinend keine Ahnung, wie viel Klopapier von einer siebenköpfigen Familie verbraucht wird!« Was sie wohl damit gemeint hat?

Deshalb nehme ich das Manuskript jetzt mit in die Türkei, um es dort drucken zu lassen. An der türkischen Grenze wird der Franz-Josef – mein Ford-Transit – festgehalten, damit das Buch von den türkischen BND-Leuten übersetzt und gelesen werden kann. Es könnte ja Propaganda-Material für die PKK sein! Vermutlich heißen diese Leute in der Türkei gar nicht Bä-En-De, denn den Buchstaben »ä« gibt's im Türkischen doch gar nicht. Dort heißen sie wohl »Bü-Ün-Dü«!

Meine Frau, die Kinder und dieser Franz-Josef dürfen weiterfahren. Zum Abschied meint Eminanim:

»Das hast du nun davon, Osman! Was gibst du bei den Zöllnern auch so großkotzig damit an, dass du hier in der Türkei das Werk des Jahrhunderts drucken lässt! Ich binde diesen Wegelagerern vom Zoll ja auch nicht auf die Nase, dass ich zusammen mit Franz-Josef zwei Waschmaschinen, fünf Videorekorder, zwei Fernseher und siebzehn Laptops unversteuert reinschmuggele. Also mach's gut, Osman, wir fahren schon mal ins Heimatdorf. Wer angeben will, muss halt leiden!«

In einem Raum von knapp zwei mal zwei Metern darf ich in den nächsten zwölf Tagen die Gastfreundschaft der türkischen Geheimpolizei genießen. Ich habe große Schwierigkeiten zu beweisen, dass mit dem »Häuseranzünden im Osten« nicht kurdische Bauerndörfer gemeint sind, sondern nur Asylbewerberheime in Rostock und Leipzig. Das wird Hatice mir noch büßen, wenn ich nach Hause komme! Womöglich hat dieses böse Kind insgeheim doch die kurdischen Dörfer gemeint!

Irgendwie geht in der Zeit an der türkischen Grenze die deutsche Originalfassung von meinem 321-Seiten-Buch verloren. Stattdessen bekomme ich lediglich die türkische Übersetzung in die Hand gedrückt. Höflich, wie ich bin, bestehe ich nicht auf der Herausgabe des Originals, weil ich die Gastfreundschaft dieser lieben Menschen nicht überstrapazieren will. Ich möchte darauf auch nicht näher eingehen: Ein Gentleman genießt und schweigt! Schließlich haben die Herren meinen ausgekugelten Arm netterweise auch wieder eingerenkt.

Was soll's, ich kann meinen Bekannten und Verwandten ja auch ein türkisches Buch von mir schenken. So wie ich die faulen Säcke kenne, wird sowieso kein Mensch das Ding lesen. Aber zum Angeben ist es bestens geeignet, fast so gut wie ein rotes BMW-Kabrio.

Im Dorf lachen sich alle kaputt, als sie hören, wie viel Geld ich vom deutschen Staat bekommen habe, um hier in der Türkei zweiundsiebzig Bücher drucken zu lassen.

»Mensch, Osman, lebst du auf dem Mond, oder was?«, klatschen sich alle im Caféhaus auf die Schenkel. »Mit dem bisschen Geld kannst du hier nicht mal ein einziges Buch kaufen, geschweige denn drucken lassen. Fahr doch über die Grenze nach Armenien.«

»Nach Armenien?«

»Aber ja! In Eriwan ist es im Bordell billiger!«

»Druckt man dort die Bücher im Bordell?«, frage ich erstaunt.

»Wir kennen uns nur mit Preisen in Bordellen aus«, sagen sie, »aber in einem Land, wo es im Bordell billig ist, da ist alles billig!« Man lernt nie aus!

An der armenischen Grenze werde ich kurz angehalten, weil man das türkische Manuskript für aserbaidschanisches Propaganda-Material hält. Die Übersetzung ins Armenische dauert in Eriwan auch nur neun Tage.

Um mir die Wartezeit zu verkürzen, stelle ich an Radio Eriwan folgende Frage:

»Stimmt es, dass die Schriftsteller in der Türkei ständig Angst haben, ins Gefängnis zu kommen?«

»Im Prinzip nein«, antwortet Radio Eriwan, »denn die fühlen sich dort längst wie zu Hause!«

Der Druck des Buches dauert nicht allzu lange; pro Tag etwa eine Seite.

»Um mit Ihrem Geld auszukommen, mussten wir an Ihrem Manuskript leichte Kürzungen vornehmen«, erklärt man mir in der Druckerei. Als ich dann endlich mein acht Seiten starkes Kunstwerk in zweiundsiebzigfacher Ausfertigung in den Händen habe, bin ich fast verrückt vor Freude. Ich stehe auf der gleichen Stufe mit Goethe, Shakespeare, Albert Camus, Viktor Hugo und Dieter Bohlen!

Auf der Heimfahrt ist die armenisch-türkische Grenze mal wieder geschlossen, und ich muss einen kleinen Umweg über den Iran nehmen. Deswegen bekomme ich mein Buch auch noch ins Persische übersetzt. Die fünf Tage in Teheran waren sehr, sehr heiß; besonders in meiner Zelle.

Als ich endlich in meinem Dorf im Kaukasus ankomme, ist mein Jahresurlaub schon fast zu Ende.

Auf der Rückfahrt nach Deutschland erfreut sich mein Kunstwerk auch noch einer griechischen Übersetzung. Während der vier Tage, die wir an der griechischen Grenze im Auto warten, bin ich sehr stolz darauf, mein Buch bald in der Sprache von Plato, Sokrates und Kosta Cordalis zu besitzen. Leider wird diese Freude von meiner Frau und meinen Kindern nicht geteilt.

»Wir haben Ihr Buch übersetzt, aber damit dürfen Sie in Griechenland nicht einreisen!«, erklären mir die Beamten höflich.

»Wir haben in unserem Lande eine höchst unruhige türkische Minderheit. Das Risiko können wir nicht eingehen!«

»Ich verstehe«, sage ich und mache eine wichtige Schriftsteller-Miene wegen der vielen Fernsehkameras. Die sind gerade dabei, einen LKW voller Drogen zu filmen. »Was hat meine Tochter ... eh ... was habe ich denn so Gefährliches geschrieben?«

»Darum geht's doch gar nicht! Wir können unmöglich einen Türken ins Land einreisen lassen, der lesen und schreiben kann!« Der LKW darf weiterfahren, wir müssen umkehren!

Die Polizei-Dolmetscher in Sofia brauchen für die acht Seiten ein paar Tage länger, als wir gezwungenermaßen versuchen, unsere Reise über Bulgarien fortzusetzen.

»Die türkische Minderheit ist hier wie ein Pulverfass«, erklären uns die Beamten, »da dürfen wir wirklich nichts riskieren!«

»Gibt's denn kein Land auf der Welt, wo keine türkische Minderheit rumlungert?«, wird meine Frau langsam sauer. »Außerdem, was gehen uns Ihre Minderheiten an! Wir sind doch nicht Amnesty International!«

Mit der Zeit entwickelt sich in mir so was wie Interesse an meinem Buch. Ich glaube, ich sollte irgendwann mal nachlesen, was Hatice geschrieben hat. Immerhin, nach der Übersetzung ins Bulgarische dürfen wir weiterfahren. An der serbischen Grenze brüllt man mich an, ob ich mit meinem Manuskript eine Revolution unter den Bosniern anzetteln will?

»Wer will schon einen neuen Balkankrieg?«, sage ich.

Während des tagelangen Wartens auf die serbische Übersetzung meines Kunstwerks bin ich inzwischen sehr froh, dass mein 321-Seiten-Manuskript auf ein Acht-Seiten-Buch geschrumpft ist. Zwei Wochen Zwangspause sind großzügig bemessen, um alle Bewohner des kleinen Dorfes Pirot persönlich kennen zu lernen.

In Zagreb wird mein Geniestreich ins Kroatische übersetzt, weil sich die Zöllner weigern, die serbische oder die türkische Übersetzung zu lesen. An der slowenischen Grenze dreht meine Frau endgültig durch und besteht von sich aus auf einer Übersetzung. »Das ist nicht notwendig, wir haben keine Minderheiten-Probleme«, erklären uns die Beamten.

»Wenn Sie mein Buch nicht sofort übersetzen«, drohe ich denen, »dann haben Sie gleich ein Minderheiten-Problem: Ich werde meine Frau bei Ihnen hier aussetzen!« Minuten später bekomme ich meine slowenische Übersetzung. Auf den Trick hätte ich früher kommen sollen!

In der Zwischenzeit rufe ich in Deutschland bei meinen Nachbarn und in Halle 4 an. Und erkläre denen, dass wir leider nicht rechtzeitig heimkommen können, weil es überall ein so großes Interesse an meinem Buch gibt. Bereits in mehreren Ländern, unter anderem in der Türkei, Armenien, Persien, Griechenland, Bulgarien, Serbien, Kroatien, Slowenien und Bayern ist es in die Landessprache übersetzt worden. Um den endgültigen Durchbruch zum Weltruhm zu erlangen, muss ich nur noch England, Nordirland, Korsika, das Baskenland, Indien, Sri Lanka, Kambodscha, Korea und halb Afrika bereisen.

Die ersten und die letzten Zeilen von meinem Roman habe ich wirklich selber geschrieben! Mein Manuskript begann mit der sensationellen Aussage:

»Ob Ausländer oder Inländer, das Leben in Deutschland ist wahrlich kein Zuckerschlecken!« Und mein Meisterwerk endete mit dem folgenden Satz:

»Osman Engin ist mit Sicherheit der witzigste Autor des Jahrhunderts!« Nach den vielen Übersetzungen fängt der Roman so an:

»In Grönland wachsen die Kamele auch nicht auf den Bäumen!« Und hört so auf:

»Osman Engin ist die lächerlichste Witzfigur des Jahrhunderts!«

Deutsche Gleitkultur

»Na, du alter Kanake?«, begrüßt mich Meister Viehtreiber gut gelaunt und höflich wie immer. Sie kennen doch meinen Meister Viehtreiber von Halle 4, oder?! Das ist der mit dem chronischen Fußpilz und den noch chronischeren Brüll-Attacken.

Ich sehe demonstrativ erstaunt nach links und rechts und frage betont überrascht:

»Wo sind denn hier Kanaken, Meister? Ich sehe keine! Oder meinen Sie etwa Sepp, weil der aus Bayrisch-Kongo kommt?! Der arme Kerl kann doch nichts dafür, dass er nicht so gut Deutsch spricht wie wir beide.«

»Mensch, Osman, ich meine doch dich, du alter Kanake! Kennst du dich etwa selbst nicht mehr?«

»Herr Viehdieb . . . öh . . . Herr Viehtreiber, ich bin doch kein Kanake! Da müssen Sie mich verwechseln.«

»Offenbar bekommen Kanaken noch früher Alzheimer als richtige Menschen«, witzelt er. Alle Kollegen im Pausenraum lachen.

Das ist ein ungeschriebenes Gesetz bei uns in der Firma: Wenn einer von den Weißhelmen glaubt, einen Witz gemacht zu haben, müssen alle lachen. Arschkriechen scheint in den Arbeitsverträgen tariflich verankert zu sein.

»Wenn das so ist, dann sind wir alle Kanaken! Setz dich doch an unseren Tisch, Meister.«

»Halt, halt, halt, Osman. Ich bin doch kein Kanake! Ich bin Deutscher!«

»Ja, ich auch! Letzte Woche habe ich einen dunkelroten deutschen Pass bekommen. Mit einem großen Pleitegeier vorne drauf.«

»Waas? Die haben dich einfach zum Deutschen gemacht, ohne mich zu fragen?! Geht das so leicht?«

»Sie haben ja auch einen deutschen Pass. Mussten Sie sich etwa dafür anstrengen?!«

»Na, hör mal, ich bin von Geburt und von meiner Geschichte her Volksdeutscher!«

»Ja, ja, ihr Volksdeutschen habt nichts als Schwierigkeiten mit eurer Geschichte. Von einem Extrem fallt ihr ins andere. Ich dagegen bin mit meinem Deutschsein sehr zufrieden und absolut glücklich.«

»Ja, wieso das denn?«, fragt er völlig verdattert, setzt seinen Helm ab und kratzt sich nachdenklich am kahlen Kopf.

»Erstens habe ich nicht so große Probleme mit meiner deutschen Vergangenheit. Und zweitens habe ich kaum Schwierigkeiten mit unseren ausländischen Mitbürgern. Ja, ich würde sogar so weit gehen zu behaupten, dass ich mich mit einigen von denen wesentlich besser verstehe als mit meinen eigenen Landsleuten.«

»Mit was für eigenen Landsleuten denn?!«

»Ja, mit Ihnen, Meister Viehtreiber. Und Sepp natürlich.«

»Osman, dir ist doch hoffentlich klar, wenn du ein richtiger Deutscher werden willst, dann musst du dich unserer deutschen Gleitkultur anpassen!«

»Mach ich, Chef! Wenn Sie mir sagen, was das ist, dann pass ich schon drauf auf!«

»Oh Gott, haben sie dir denn gar nichts beigebracht, bevor sie dich zum Deutschen gemacht haben?!«

»Doch, doch, ich kann zum Beispiel jetzt ganz alleine die deutsche Nationalhymne singen.«

»Das war alles? Sonst nichts? Nichts Wertvolles, nichts Kulturelles?!«

»Doch, ich habe gelernt, dass Rudolf H. (51) aus W. seine Frau (43) und seine drei Kinder (7, 11, 14) umgebracht hat.«

»Das haben sie dir beigebracht? Das ist alles, was du von deutscher Kultur weißt?!«

»Na, hören Sie mal. Rudolf H. (51) aus W. ist Deutscher. Und seine Frau (43) und seine Kinder (7, 11, 14) waren es auch. Nur weil er ein bisschen zu viel Bier getrunken hat, hat er seine Familie ausradiert. Ich glaube, das macht man so in Deutschland. Zumindest musste ich diesen Artikel den Beamten bei der Behörde vorlesen.«

»Biertrinken ist schon ziemlich deutsch«, mischt sich Sepp in unser Gespräch ein.

»Ja, aber das kann doch nicht alles sein!«, sagt Viehtreiber verstört.

»Und? Was ist denn noch typisch deutsch?«, frage ich.

Sepp und der Viehtreiber überlegen lange. Sehr lange!! So als hätte ich denen die Millionen-Frage gestellt.

»Wenn euch nichts einfällt, könnt ihr jemanden anrufen oder das Publikum hier befragen.«

»Ich weiß, ich weiß, die deutsche Sprache ist deutsch«, ruft mein Meister triumphierend.

»Toll! Da wäre ich alleine nicht drauf gekommen!«, sage ich schwer beeindruckt. »Aber was ist Kultur? Abgesehen vom Biertrinken, das wissen wir schon.«

Diesmal denken die beiden noch länger nach.

»Damit ihr noch mehr überlegen könnt, machen wir eine kleine Werbepause und ich gehe mir Kaffee holen!«

»So, jetzt ist genug gequatscht worden! Auf, auf, alle an die Arbeit!«, brüllt der Meister plötzlich und zieht den Boss-Joker aus dem Ärmel.

»Von einem Viehtreiber wie ein Ochse zur Arbeit geprügelt werden – das ist deutsche Gleitkultur«, flüstert mir Sepp beim Rausgehen ins Ohr.

»Ja, wenn das so ist, dann bin ich ja schon seit dreißig Jahren, ohne es zu wissen, Deutscher gewesen. Spätestens seitdem ich in Halle 4 angefangen habe!«

Nach Feierabend klopfe ich an die Tür zum »Reich des Bösen«. Wenn mein kommunistischer Sohn Mehmet auch sonst von nichts 'ne Ahnung hat, aber mit solchem Kulturschwachsinn kennt er sich aus.

»Mehmet, sag mir, was ist Gleitkultur?«, frage ich den letzten überlebenden Betonkommunisten, wo doch jetzt selbst die Nord-Koreaner anfangen nachzudenken.

»Was für ein Ding? Weißt du eigentlich, wie spät es ist?«, fragt er mich noch schlaftrunken. Ich habe gehört, dass normale Studenten ziemlich früh, so gegen Mittag zwölf Uhr, aufstehen. Aber der ewige Student in unserer Familie steht erst abends siebzehn Uhr auf – wenn überhaupt!

»Was ist Gleitkultur?«, wiederhole ich meine Frage.

»Meinst du etwa Schwule? Wegen Vaseline und so?!«

»Wie kommst du denn plötzlich auf Schwule, du versautes Ding! Mein Meister hat gesagt, ich muss mich an die deutsche Gleitkultur anpassen!«

»Ach, du meinst den Schwachsinn mit der deutschen Leidkultur.«

»Ja, genau, so was Ähnliches! Wahrscheinlich meint er das.«

Wie gesagt, mit diesem Kulturkram kennt sich Mehmet bestens aus. Aber für was Sinnvolles ist er nicht zu gebrauchen.

»Vater, der karrieregeile Politiker, der das gesagt hat, kann nicht mal selber definieren, was Kultur bedeutet, und er wusste nicht mal, was ›Deutsch‹ bedeutet.«

»Aber ich muss es wissen! Mein Meister fragt mich garantiert morgen wieder danach!«

»Vater, du kennst doch die türkische Redensart: Ein Bekloppter wirft einen Stein in den Brunnen und tausend kluge Menschen schaffen es anschließend nicht, den Stein wieder rauszuholen!«

Schwarze Taschen

»Tut mir Leid, Eminanim, ich habe mein Ehrenwort gegeben. Ich kann dir die Spender nicht nennen.«

»Osman, ich frage dich jetzt zum letzten Mal: Aus welchen Quellen stammt das Geld, mit dem die schwarzen, geheimen Taschen in deinen Jacken voll gestopft sind? Wie lange treibst du schon diese Machenschaften? Wenn ich diese Taschen letzte Woche bei einer routinemäßigen Razzia nicht zufällig entdeckt hätte, dann hättest du mich vermutlich noch jahrelang betrogen.«

»Ach, halt dich da raus, Frau! Vermutlich hat mein Schneider diese Taschen aus Versehen angebracht.«

»Osman, hältst du mich für blöd? Da steckt System dahinter! Ich habe alle deine Jacken durchsucht und in jeder habe ich eine versteckte Tasche gefunden! Und alle Taschen sind randvoll mit Geld. Ich habe deinen Schneider gefragt, er hat die Taschen nicht genäht. Von wem ist dieses ganze schmutzige Geld?«

»Das sind alles Spendengelder! Aber die Namen der Spender werde ich nicht nennen. Da habe ich mein Ehrenwort gegeben. Ein Mann, ein Wort!«

»Osman, wenn du nicht sagst, woher du das ganze Geld hast, werde ich die Konsequenzen daraus ziehen: Ich werde für dich weder kochen noch putzen. Und mit dir auch nicht mehr schlafen!«

»In dem Ton lasse ich mit mir nicht reden! Hier im Haus bin ich niemandem Rechenschaft schuldig! Du willst doch wohl keinen Ehemann haben, der sein Ehrenwort bricht?! Ich habe versprochen, dass ich keinen Spender nennen werde!«

»Wie oft hast du mir schon was versprochen? Und ich

habe immer noch keine Spülmaschine! Stell dich nicht so an. Du lügst doch, wenn du deinen Mund aufmachst. Den Spender will ich sehen, der seinen Namen nicht genannt haben will! Die spenden doch alle nur, um damit anzugeben! Ich vermute, du hast dich für eine schlimme Sache kaufen lassen oder gar prostituiert! Nein, für das Letztere würde dir bestimmt niemand Geld geben!«

»Schäm dich, Eminanim, schäm dich! Pfui! Ich bin empört. Wie redest du eigentlich über deinen langjährigen Ehemann?!«

»Hör mal, das ist ganz allein deine Schuld, Osman. Wenn du nicht sagst, von wem du das ganze Geld hast, öffnest du allen Spekulationen Tür und Tor!«

»Frau, du musst mir vertrauen. Ich kann dir die Leute nicht nennen. Ein Ehrenwort ist sogar wichtiger als ein Ja-Wort!«

»Wenn du weiterhin schweigst, weckst du bei mir und bei deinen Kindern einen unglaublichen Verdacht, musst du wissen!«

»Ja? Wessen verdächtigt ihr mich? Ist euch denn nicht klar, dass ich euer Ernährer bin?«

»Osman, ich könnte mir denken, dass es gar keinen edlen Spender gibt!«

»Soso, was willst du denn damit sagen?«

»Entweder hast du seit Jahren Geld aus unserer Haushaltskasse geklaut ...«

»Oder?«

»Oder du hast dich bestechen und schmieren lassen!«

»Das sind doch nichts anderes als bösartige Verleumdungen! Eine Hetzkampagne meiner skandalgierigen Feinde!«

»Osman, wo hast du so viel Geld her? Handelst du mit Drogen oder hast du die Bank überfallen?«

»Frau, das ist völlig unter meiner Würde, mich hier mit dir über dieses Thema zu streiten. Ich sage kein Wort mehr!«

»Osman, wenn du so weitermachst, verlierst du dein letztes Fünkchen Glaubwürdigkeit! Als Familienoberhaupt und Ehrenvorsitzender bist du nicht mehr zu halten!«

»Mutter, was soll denn das, lass endlich den Vater in Ruhe«, eilt mir mein ältester Sohn Recep zu Hilfe. »Wie kannst du die jahrelangen Verdienste meines Vaters für die Einheit unserer Familie vergessen? Ohne ihn wären wir nicht da, wo wir sind!«

»Genau, Recep, in der Gosse, kurz vor der Scheidung! Seine historischen Verdienste bleiben unangetastet. Natürlich bleibt er der Vater meiner Kinder. Aber ich will endlich Klarheit über die Herkunft der schwarzen Taschen bekommen!«

»Frau, als wenn diese paar Scheine wichtig wären! Wie du dich hier aufführst ist eine Respektlosigkeit und Unverschämtheit sondergleichen!«

»Mutter, du weißt doch, dass er es nur gut mit uns meint. Er hat die schwarzen Taschen doch nur zum Wohl der gesamten Familie einnähen lassen.«

»Ich werde gerichtlich gegen dich vorgehen, Osman. Und auch meine Brüder mit ihren langen Messern auf dich hetzen. Ich will wissen, wo das schmutzige Geld herkommt!«

»Mutter, fass dich doch an deine eigene Nase. Meinst du, ich wüsste nicht, dass du heimlich vom Einkaufsgeld für die Aussteuer deiner Töchter sparst?!«

»Recep, woher kommt dieses ganze dreckige Geld? In Halle 4 kann dein Vater nicht mal in zehn Jahren so viel Geld verdienen!«

»Mutter, ich kann dir sagen, woher das Geld kommt! Das hat uns sein jüdischer Opa aus Paraguay vermacht!«

»Was? Ich kenne seine gesamte Sippschaft im Kaukasus. Und er hat keinen jüdischen Opa! Und erst recht nicht in Paraguay! Wo war denn dieser Opa früher?«

»In Oggersheim!«

»Wollt ihr mich denn hier alle verkohlen?! Also, Osman, deine Taktik, durch deinen ältesten Sohn gerade so viel zuzugeben, was sich sowieso nicht mehr verheimlichen lässt, finde ich ekelhaft!«

»Helmut, Helmut …, ich meine, Papa, Papa«, jubelschreiend kommt meine kleine Tochter Hatice ins Wohnzimmer gelaufen.

»Osman, womit hast du die denn schon wieder bestochen? Mit Computer, Geld oder Gummibärchen?!«, schimpft meine Frau.

»Selbst in dieser Situation hast du nur gekaufte Jasager und Kriecher um dich!«

»Mutter, du brauchst dir keine Sorgen zu machen. Ich werde alles aufklären! Ich bin der geborene Aufklärer«, ruft Recep.

»Ich werde dafür sorgen, dass kein Makel an der Ehre meines Vaters kleben bleibt! Ich lasse das Amt des Familienoberhauptes nicht in den Dreck ziehen!«

»Recep, deiner Aufklärungsarbeit glaube ich auch nicht! So wie es aussieht, steckst du voll mit drin! Dieses Netzwerk von schwarzen Taschen, das nur entwickelt wurde, um mich irgendwie zu hintergehen, ist nicht wieder gut zu machen!«

»Aber Vater hat doch nichts Schlimmes getan! Bestimmt stammt das Geld vom Verkauf unseres Ford-Transits.«

»Klar doch! Für die Möhre kriegt man hunderttausend Euro! Die Ära Osman ist endgültig am Ende!«, kreischt Eminanim hysterisch. »Osman, wenn du weiterhin so beharrlich schweigst, gerät dein gesamtes Lebenswerk ins Wanken.«

»Aber ich habe doch mein Ehrenwort gegeben!«

»Gangster haben keine Ehre!«

»Mutter, sei doch nicht so ungerecht. Du weißt doch, dass Vater kein Dieb ist! Höchstens ein bisschen korrupt!«

»Beides ist gleich schlimm! Osman, du führst dich wie ein

Patriarch auf! Wie ein orientalischer Pascha aus dem vorigen Jahrtausend! Das ist so peinlich. Die Nachbarn erzählen schon Witze über dich.«

»Was für Witze denn?«

»Erst gestern beim Frisör fragte mich jemand: Was haben Retortenbabys und Osman gemeinsam?«

»Ja, was denn?«

»Beide kennen ihre Spender nicht!«

Politik-Molitik

»Vater, ich habe beschlossen, in die Politik zu gehen!«

»Zu Fuß oder mit dem Bus?«

»Was? Wohin?«

»In die Politik! Mehmet, du hast doch bestimmt wieder vor, Krawall zu machen. Das ist doch das, was du unter Politik verstehst.«

»Nein. Ich will Politik in dieser Republik selber gestalten.«

»Bei Allah, warum müssen alle nichtsnutzigen Versager dieser Welt sich irgendwann in die Politik stürzen?!«

»Meinst du, die stürzen sich in die Politik, weil sie Minderwertigkeitskomplexe haben?«

»Nein. Das meine ich nicht! Die haben keine Minderwertigkeitskomplexe. Die sind minderwertig!«

»Da bin ich ganz anders! Ich will dieses Land nach meinen Vorstellungen formen.«

»Ach, hör bloß auf damit! Pass lieber auf, dass du dich nicht beim Steineschmeißen erwischen lässt.«

»Vater, du verstehst mich nicht! Ich will endlich was Vernünftiges machen. Ich habe keine Lust mehr, in Kneipen-Mneipen rumzuhängen.«

»Also, was Kneipe ist, weiß ich ja, Mehmet. Aber was ist denn eine Mneipe? Wird dort etwa nicht mit dem Mund, sondern mit den Ohren gesoffen?«

»Kneipe-Mneipe heißt: Kneipe oder so was Ähnliches. Man könnte auch sagen: Papier-Mapier. Oder Buch-Much! Das heißt dann, Buch und Ähnliches.«

»Ich verstehe, ich verstehe! In Kneipen trinkt man Bier und Korn, in Mneipen trinkt man Mier und Morn.«

»Nein, nein, du hast immer noch nichts kapiert. Vater, das ist gleichzeitig auch eine Steigerungsform. Frau-Mrau zum Beispiel!«

»Dann bin ich ja froh, dass ich mit Eminanim nur 'ne Frau erwischt habe und keine Mrau!«

»Vater, das müsstest du doch eigentlich kennen. Auf Türkisch redest du doch den ganzen Tag so. Ich will kein Döner-Möner mehr! Das heißt, ich kann kein Döner mehr sehen. Ich kann gar nichts mehr essen. Ich bin vollkommen satt!«

»Jetzt habe ich es verstanden! Mehmet, du willst Politiker-Molitiker werden. Aber du wirst eher Molitiker, würde ich sagen! Wegen deiner Polotowcocktails, ich meine, Molotowcocktails!«

»Also wie gesagt, ich will nicht mehr in Kneipen-Mneipen rumhängen. Und ich habe keine Lust mehr, mich mit besoffenen Vollidioten abzugeben!«

»Du hast doch nichts anderes gelernt. Du bist doch Fachmann auf dem Gebiet!«

»Vater, ich will rein in den deutschen Bundestag!«

»Eben hast du noch gesagt, dass du nichts mit besoffenen Vollidioten zu tun haben willst! Aber einerseits hast du Recht. In die Politik zu gehen erfordert genauso viel Bildung und Vorkenntnisse, wie auf dem Strich Anschaffen gehen.«

»Vater, sei doch nicht so ungerecht meinen zukünftigen Kollegen gegenüber. Einige von denen sind nicht jeden Tag besoffen. Zumindest nicht tagsüber.«

»Einverstanden. Einige sind auch keine Vollidioten! Zumindest nicht beim Abzocken.«

»Also, ich habe mir das genau überlegt. Im Grunde beherrsche ich alles, was ein Politiker heutzutage können muss.«

»Da hast du vollkommen Recht, mein Sohn! Seitdem du reden kannst, lügst du ununterbrochen, ohne rot zu werden. Du hast keine Lust zu arbeiten und bist faul wie ein Bär im Winterschlaf. Und wenn du auch nur den kleinsten Vorteil davon hättest, würdest du ohne mit der Wimper zu zucken deine eigene Oma verkaufen!«

»Was? Meine eigene Oma?«

»Ja! Ich habe lange nichts von ihr gehört. Vielleicht hast du sie sogar schon verkauft!«

»Was hältst du denn von mir?! Ich will doch nicht bei der FDP oder CDU kandidieren.«

»Entschuldigung, da hast du Recht. Natürlich bist du nicht so plump wie die. Beim Leutebescheißen bist du viel raffinierter. Du solltest mindestens bei der SPD kandidieren, wenn nicht bei den Grünen.«

»Vater, du solltest nicht von dir auf andere schließen. Ich bin alles andere als ein Klon von dir. Ich kann nichts dafür, dass du damals einen Stammhalter zeugen wolltest!«

»Wer redet denn hier von wollen? Ich hätte damals nur keine gebrauchten Kondome auf dem Flohmarkt kaufen dürfen! Außerdem konnte bisher kein einziger Bluttest eindeutig beweisen, dass du wirklich von mir stammst.«

»Willst du etwa meine Mutter der Unzucht beschuldigen?!«

»Nein, die Stationsschwester ist schuld! Sie hat dich bestimmt vertauscht. Mein eigen Leib und Blut, mein eigener tapferer, hochintelligenter und fleißiger Sohn muss jetzt mit irgendwelchem asozialen Pack zusammenwohnen und zu irgendeinem Scheusal Vater sagen, der ihn nicht verdient hat. Oder willst du etwa deshalb in den Bundestag, weil du dort deinen leiblichen Vater vermutest?!«

»Nein, ich will diesen ganzen Dilettanten zeigen, wie man richtig Politik macht!«

»Kannst du damit bitte nicht so lange warten, bis ich endlich tot bin? Ich habe in meinem Leben schon genug leiden müssen!«

»Genau deswegen will ich doch in die Politik! Ich habe vor, das leidende Volk zu befreien und zu beschützen.«

»Hör bloß auf damit! In der ganzen Geschichte wurden die Menschen von ihren Befreiern und Beschützern immer erst recht schikaniert. Allah schütze uns vor unseren Beschützern!«

»Hab keine Angst, Vater. Ich werde so ein ehrlicher Politiker werden wie Gandhi. Arm aber aufrecht!«

»Mehmet, jetzt spinnst du ja völlig! Wenn du schon diesen Schwachsinn mitmachst, dann muss es sich doch lohnen. Erst musst du deinen Vater, dann deine Familie reich machen. Dann deine gesamte Sippschaft. Nimm dir lieber die fetten deutschen oder die türkischen Politiker zum Vorbild. Und keinen magersüchtigen Inder!«

»Nein, nein, nein! Im Gegensatz zu diesen korrupten Politikern werde ich bei meinen Wählern und bei meinem Volk richtig beliebt sein, so wie . . . wie . . .«

»Ja, so wie eine Kakerlake! Und wenn du es in der Wählergunst ganz nach oben schaffst, dann bist du beliebt wie ein Blutegel!«

»Nix Kakerlake-Makerlake! Ich will nach amerikanischem Vorbild eine große Wahlkampagne durchführen.«

»Und dafür brauchst du wohl eine gut gebaute Praktikantin? Das dürfte doch für dich kein Problem sein. Davon hast du doch genug in deinem Harem.«

»Nicht doch. Dafür brauche ich nur . . .«

». . . einige tausend Panzer für die Türkei?«

»Nein. Für eine große Wahlkampagne brauche ich nur jede Menge Geld!«

»Dann lass dich doch wie alle anderen Politiker von der Deutschen Bank sponsern.«

»Ich bin nicht käuflich wie diese Idioten!«

»Na prima. Dann such dir endlich eine vernünftige Arbeit!«

»Nix Arbeit-Marbeit! Von dir will ich Geld haben. Was meinst du, warum ich meinen ganzen wertvollen Nachmittag mit dir vergeude?!«

»Mehmet, für Geld musst du schon selber schuften gehen. Ich kann dir höchstens ein bisschen Meld geben!«

Frisch
integrierter Freier

Gottlieb Echtdeutsch ist mein Name!

Dass ich früher in grauer Vorzeit mal ein gewisser Osman Engin gewesen sein soll, ist eine hundsgemeine Lüge und unglaubliche Verleumdung von Leuten, die zerfressen vor Neid und abgrundtief schlecht sind!

Es ist unfassbar, ich habe viel mehr Neider als Claudia Schiffer, Steffi Graf, Boris Becker, Michael Schumacher, Jürgen Trittin, Ottokar Mückenhirn und die beiden Bills zusammen. Hier werden erfolgreiche Menschen wie wir wegen unserer grandiosen Karriere, wegen unseres makellosen Aussehens und unseres tollen Deutschen Passes beneidet. Bill Gates und Bill Clinton haben aber das Pech, dass sie keinen Deutschen Pass ihr Eigen nennen dürfen. Denn der schafft viel mehr Neider als ein paar schäbige Milliarden Dollar unter dem Schreibtisch oder ein halbes Dutzend dicke Praktikantinnen auf dem Konto; oder war es vielleicht umgekehrt?! Mit solchen Nebensächlichkeiten kenne ich mich nämlich nicht so gut aus.

»Wie kann man denn wegen eines derart blöden Lappens so eingebildet sein?«, nörgelt irgendein dämlicher Kanake, der zu allem Überfluss auch noch Mehmet heißt, ein ewiger Student sein soll und mir zufällig in meinem eigenen Wohnzimmer über den Weg läuft. Oder hat er mir womöglich aufgelauert?! Bei diesem Ausländerpack kann man ja vor nichts sicher sein!

»Es geht nicht um das Stück Papier, sondern es geht um das Deutsche Blut, das seit letztem Monat in meinen Adern fließt«, verbessere ich den Betonkommunisten.

»Wieso, hast du dir auch eine Bluttransfusion machen lassen?«

»Eigentlich rede ich doch mit Nörglern überhaupt nicht! Und mit Ewiggestrigen wie dir, Stalin, Honecker oder meinem Meister Viehtreiber sowieso nicht. Bei Viehtreiber könnte ich es mir ja noch mal überlegen, denn wir beide haben doch die Gnade desselben Blutes! Helmut natürlich auch, mein Altkanzler.«

»Das finde ich gut, dass du dich mit dem alten Josef treffen willst«, sagt der nichtsnutzige Vertreter des Kanakenpacks höhnisch. »Wann willst du denn zu ihm, soll ich dir dabei behilflich sein?«

»Na klar, wenn es um die Ausbreitung des Kommunismus geht, bist du immer dabei.«

»In diesem Fall würde ich es die Eindämmung von Doofheit nennen.«

»Ich weiß, was ihr als Erstes macht, wenn ihr an die Macht kommt.«

»Ja? Was denn?«

»Mich an die Wand stellen!«

»Ach nein, du darfst weiter in Halle 4 rumstehen.«

»So einen Schwachsinn muss ich mir ständig anhören und das alles nur wegen eines kleinen Gummis«, schlage ich meinen Kopf frustriert gegen den Couchtisch.

»Wegen so einem bisschen Gummi muss ich diesen ausländischen Idioten seit zwanzig Jahren zwangsweise ertragen und durchfüttern!«

»C'est la vie, so ist das Leben«, ruft er. »Da kannst du mal sehen, auch in diesem Fall hatte der Gorbi Unrecht! Nicht wer zu spät kommt, sondern wer zu früh kommt, den bestraft das Leben. Vor allem, wenn er ohne Kondom zu früh kommt!«

Um die versteckte Bosheit zu erkennen, die in jedem seiner Sätze lauert, aktiviere ich auch alle violetten und pinkfarbenen Gehirnzellen, aber ich kapiere trotzdem nicht, was er wieder einmal meint. Dann sage ich, was jeder in so einer Situation sagen würde:

»Hahaha, sehr witzig, dass ich nicht lache«, lache ich, »das glaubst du doch wohl selber nicht!«

An dieser Stelle unterbreche ich den Dialog abrupt. Dieser Kanake sollte doch überhaupt froh darüber sein, dass ich trotz meines wundervollen Passes mich länger als zwei Minuten mit ihm unterhalten habe. Die anderen Deutschen machen nicht einmal das.

Da ich die Scheidung von meiner ausländischen Köchin und Putzfrau Eminanim beantragt habe, koche ich in der Küche mein Lieblingsessen selber: Saumagen mit Schweinshaxe und Rouladen aus der Dose.

Bööögh, schmeckt das gut! Aber entweder ist das Deutsche Rezept noch verbesserungsbedürftig oder meine Deutschen Geschmacksnerven an das Heimatessen sind noch anpassungsbedürftig. Wenn man bedenkt, dass alles Deutsche vollkommen und tadellos ist, dann liegt die Möglichkeit nahe, dass ich es hier mit einem feigen Sabotageakt seitens nichtsnutziger, kommunistischer Kollaborateure in meinem Kochtopf zu tun habe.

Ich kippe das Dosenessen in den Mülleimer und laufe mit knurrendem Magen nach draußen, um mir einen anständigen, traditionellen Deutschen Döner zu genehmigen. Ich will auch dem letzten Miesmacher beweisen, dass Deutsches Essen besser schmeckt als alles andere auf der Welt. Schon die alten Germanen haben Wildschwein am Spieß gedreht und so entstand der Döner. Mit der sechsten Portion in der Hand schlendere ich genüsslich schlemmend durch die Straßen. Jetzt brauche ich noch etwas Deutsches Obst zum Nachtisch. Ich muss aber schon sehr lange genüsslich schlendern, bis ich einen Deutschen Obst- und Gemüseladen finde, den dieses Ausländerpack sich noch nicht unter den Nagel gerissen hat. Ich will nämlich keine Deutsche Banane oder Kiwi, die vorher ein Kanake angepackt hat. Und das ist auch mein gutes Recht! Wo leben wir denn hier?!

Aber dieser Trottel in dem Laden ist einfach zu blöd! Seinen Deutschen Laden hat er noch nicht verkauft, seine Deutsche Seele aber schon. Der kann mir nämlich noch nicht mal eine anständige Deutsche Kokosnuss anbieten. Selbst die Tomaten, die er mir nachschmeißt und die mich am Hinterkopf treffen, haben Kanaken in Spanien geerntet. Da habe ich ja noch Glück im Unglück gehabt! Was hätte alles passieren können, wenn ich – Gott behüte – diese Tomate wirklich gegessen hätte?!

Nach diesem frustrierenden Erlebnis im letzten noch existierenden Deutschen Gemüseladen brauche ich etwas Liebe, Zärtlichkeit, Trost und Zuwendung. Aber wie gesagt, mit meiner ausländischen Haushälterin lebe ich in Scheidung. Deshalb komme ich auf die Idee, nach den Früchten im Obstladen die Früchtchen im Bordell zu kontrollieren. Aber auch dort ist keine einzige anständige Deutsche Frau weit und breit zu sehen. Überall nur verdorbene Kanakentussis aus Thailand, Russland, Holland oder Polen. Im Gegensatz zu Deutschen Frauen wollen sie nur das Eine: Geld!

Die einzige Deutsche Arbeitnehmerin, die ich mit großer Mühe doch ausfindig machen kann, hat einen hübschen, typisch Deutschen Namen: Natascha!

»Wie heißt du denn, Kleiner?«

»Gottlieb Echtdeutsch!«

»Aha, ich hätte eher Ali, Osman oder Abdullah vermutet! Oder alles zusammen, so wie du aussiehst.«

»Ich hasse alle Alis! Seit kurzem auch sämtliche Osmans«, rufe ich und blättere zufällig in meinem Deutschen Pass.

»Erst das Geschäftliche, mein Süßer«, sagt sie.

Ich zeige ihr stolz meinen Deutschen Pass.

»Ich glaub dir, dass du volljährig bist! Hundert Euro, Kleiner!«

Ich wedele mit meinem Deutschen Pass durch die Gegend und halte ihn ihr unter die Nase.

»Ich will Kohle sehen und nicht den blöden Lappen!«

Ich merke völlig entsetzt, dass die anderen sie schon längst verdorben haben.

»Seien Sie mal ehrlich, schlafen Sie etwa auch nur wegen des Geldes mit mir?«

»Englisch? Französisch? Griechisch oder Spanisch?«, fragt sie mich.

»Auf Deutsch!«, brülle ich sie an. »Wenigstens hier will ich was anständiges Deutsches haben!«

»Liebkose mich am Allerwertesten! Schlafe mit dir selbst«, brüllt sie zurück. Ihre Wortwahl ist allerdings ziemlich niveaulos. Deshalb habe ich sie simultan ins Jugendfreie übersetzt. Noch auf dem Flur schlägt sie mir lautstark vor, dass ich sexuelle Beziehungen zu meinem Knie aufnehmen sollte. Eigentlich muss ich doch Frau Natascha dankbar sein! Man merkt, dass Deutschland das Land der Dichter und Denker ist. Frau Natascha, die im Nebenberuf sicherlich Philosophieprofessorin ist, hat was sehr Bedeutungsvolles gesagt: Man sollte so was nämlich nur mit jemandem machen, den man wirklich sehr, sehr lieb hat! Und wen liebe ich mit großem Abstand am meisten? Mich selbst! Den Gottlieb Echtdeutsch!

Nach dieser Erkenntnis laufe ich wie erleuchtet sofort nach Hause. Doch unterwegs schaue ich kurz bei einem Frisör hinein, um mir meinen Schnurrbart gelb färben zu lassen. Damit ich auch optisch einen einwandfreien Deutschen im Bett habe. Einen anständigen dicken Bauch, Glatze und Mundgeruch habe ich ja schon!

Osman der Skinhead

»Oh, toll, ein Godzillafilm«, klatscht Hatice froh gelaunt in die Hände und macht den Fernsehapparat noch lauter.

»Hatice, mein Kind, bist du blöd! Das sind doch Skinheads, du Doofi«, rufe ich allwissend. »Aber du hast Recht, die stampfen so unbeholfen und laut grölend durch die Gegend wie diese billigen japanischen Trickfilmmonster aus den Sechzigern. Die hier gucken bloß noch blöder und dümmer aus der Wäsche als deine King-Kongs aus Pappe!«

»Gleich schnappt sich Godzilla eine blonde, hübsche Frau!«, bemerkt Hatice, die Augen gebannt auf den Fernsehschirm gerichtet.

»Welche halbwegs vernünftige Frau lässt sich schon freiwillig mit diesen kahlköpfigen Ungeheuern ein«, mache ich mich lustig. »Wer hat schon einen so schlechten Geschmack, hahaha hiii ho hr hr hr . . .«

»Osman, willst du mich etwa beleidigen«, höre ich meine Frau aus der Küche rufen, »schließlich bin ich mit so einem grölenden Holzkopf verheiratet« – und meint wahrscheinlich mich.

»Eminanim, du bist mit einem Skinhead verheiratet? Warum hast du mir den Mann immer verheimlicht?«

»Osman, du brauchst dir doch nur die drei Flusen auf deinem Kopf wegzurasieren, dann siehst du genauso aus wie diese Penner! Du hast wirklich ein Prachtexemplar von Kürbis als Kopf! Und was das Grölen angeht, da kannst du diesen Anfängern Nachhilfeunterricht geben: Grölen für Fortgeschrittene!«

Ich muss mich zusammenreißen, um nicht vor Wut sofort loszubrüllen, stattdessen laufe ich in das Badezimmer und schaue in den Spiegel. Bei Allah, nein, das gibt's doch gar nicht! Dieser blöde Spiegel gibt Eminanim auch noch Recht! Offensichtlich begnügt sich meine Frau nicht mehr damit, meine Kinder zu bestechen und gegen mich aufzuhetzen. Nein, jetzt steckt sogar der Spiegel mit ihr unter einer Decke. Das hat nicht mal F. J. Strauß geschafft, aber ihr gelingt das mühelos.

»Zumindest kleide ich mich ganz anders als diese Affenbande«, flüstere ich.

»Meinst du wirklich?«

»Aber natürlich!«

»Dann schau doch mal richtig in den Fernseher. Ist etwa einer von den Pennern wie ein anständiger Mensch angezogen?«

»Nein!«

»Na also!«

Ich frage mich, was sie mir damit sagen will. Aber ich traue mich nicht, diese Frage laut zu stellen. Zu viel Wahrheit an einem Tag ist nicht gut für meine Hämorrhoiden.

Dann urplötzlich habe ich eine absolut geniale Idee: Osman, der Skinhead! Osman Wallraff, ganz, ganz unten!

Spontan rufe ich meinen Arbeitskollegen »Zwei-Linke-Hände« an. Ich habe gewisse Zweifel, ob das wirklich sein richtiger Name ist, aber so wird er halt von den Kollegen in Halle 4 gerufen.

»Zwei-Linke-Hände«, rufe ich aufgeregt in den Hörer, »du hast doch mehrmals erzählt, dass du ab und zu in eine Kneipe gehst, wo sich Glatzköpfe besaufen. Heute hätte ich wirklich mal Lust mitzukommen, um mir das anzusehen. Du brauchst keine Angst zu haben. Ich habe mir alle meine drei Haare abrasiert. Ich falle überhaupt nicht auf!«

Ich komme mir vor wie Christopher Columbus. Nur ein kleines Stückchen intelligenter! Der glaubte ja in Indien zu sein, machte aber nur Urlaub in der Karibik. Ich gehe stattdessen in eine echte Skinhead-Kneipe und nicht in ein italienisches Eiscafé.

Mit »Zwei-Linke-Hände« betrete ich den Ort des Bösen. Kein Mensch beachtet uns an unserem Tisch. Nach einer Weile stelle ich enttäuscht fest:

»Das ist ja total langweilig, Zwei-Linke-Hände. Die sind ja gar nicht politisch. Die sind nur sturzbesoffen.«

»Wie kommst du denn auf ›politisch‹? Mein Gott, hast du Vorurteile! Abgesehen davon ist deine Tarnung nicht gerade perfekt. Ich habe nämlich noch nie einen Skinhead gesehen, der mitten im Gesicht einen so dicken, fetten Türkenschnurrbart trägt.«

»Oh, verflucht!«, stöhne ich und bedecke blitzschnell mit einem Bierdeckel meine stark ausgeprägte Männlichkeit. Die ist so ausgeprägt, dass ich einen zweiten Bierdeckel samt Bierflasche dazunehmen muss.

»Mach dir keine Sorgen, Osman. Das Hakenkreuz auf deiner Glatze ist völlig ausreichend!«

»Meine Tochter Hatice hat viele von diesen Abziehbildern. Ich weiß nicht, wo sie die her hat! Du, Zwei-Linke-Hände, Mann, ist das langweilig hier! Da hätte ich ja zu Hause ›Das Wort zum Sonntag‹ gucken können.«

»Hier wird's erst dann spannend, wenn irgendjemand von einer Partei kommt und Freiwillige sucht.«

Nach acht Bier und zwei Stunden wird mir der Laden völlig unerträglich. Und ich bastele mir meine eigene Action. Genauso wie die Fernsehreporter, die sich was ausdenken, wenn sie nichts zu berichten haben. Ich stelle mich auf den Tisch und brülle – möglicherweise hatte meine Frau mit dem Grölen doch etwas Recht:

»Ausländer raus!«

Wie auf Knopfdruck, als hätten sie Adolf aus dem Jenseits gehört, springen alle gleichzeitig auf:

»Deutschland den Deutschen! Ausländer raus!«

Das muss man den Deutschen lassen, egal wie besoffen sie sind, das schaffen sie immer!

Ich hebe meinen Arm, zerschlage die Bierflasche auf meinem Kopf und brülle:

»Kanaken raus!«

Alle machen mit. Keine Bierflasche bleibt mehr heil.

»Den rechten Arm heben, Osman, den rechten. Nicht den linken!«, korrigiert mich Zwei-Linke-Hände. Und schnappt sich eine Scherbe vom Boden. Damit rasiert er meinen tollen Schnurrbart mit Bierschaum an beiden Seiten weg. Nur unter der Nase bleibt noch eine Fingerbreite übrig. Er heißt nun mal Zwei-Linke-Hände.

»So, Osman, jetzt siehst du genauso aus wie die Typen, die die Jungs hier für Demos abholen. Deine Tarnung ist absolut perfekt! Du kannst jetzt losmarschieren.«

Laut grölend stampfen wir im Gleichschritt, ich vorweg, aus der Kneipe.

»Deutschland den Deutschen! Ausländer raus!«

»Das ist ja langweilig, habt ihr denn keine anderen Texte auf Lager?«, frage ich den pickligen Mini-Skin neben mir.

»Wozu? Die beiden Sprüche waren schon schwer genug auswendig zu lernen! Aber dafür kann ich gut Steine schmeißen.« Er schnappt sich einen dicken Brocken und das große Schaufenster neben uns geht mit lautem Geklirr zu Bruch. Der Mini-Skin schaut stolz zu mir herüber.

»Willst du auch einen? Ich zeig dir, wie man es richtig macht.«

»Warum nicht!«, prahle ich und entdecke, dass so einfache Dinge wie Steineschmeißen auch einem erwachsenen Menschen viel Freude im Leben bereiten können. Inzwischen ist unsere Demo auf dreiunddreißig SkinheadInnen angewachsen.

»Wo geht's denn heute hin?«, fragt mich ein Zwei-Meter-Riese mit Springerstiefeln.

»Deutschland den Deutschen! Ausländer raus!«, brülle ich fünfmal hintereinander, um für die Antwort Zeit zu gewinnen. Mir fällt absolut niemand ein, dem ich diese Horde an den Hals schicken kann. Die Ausländerbehörde ist zu weit weg. Und meine Schwiegermutter wohnt in Hamburg.

»Wohin, mein Führer?«, fragt er schon wieder.

»Deutschland den Nicht-Deutschen! Ausländer rein!«, brüllen wir zur Abwechslung ein Dutzend Mal hintereinander. Aber danach fällt mir auch nichts Besseres ein als meine eigene Adresse.

»Auf zum Karnickelweg 7 b, Kameraden! Vorwärts!« Ich gebe meine eigene Adresse zwar an, weil mir nichts Besseres einfällt, doch intelligent wie ich bin, laufe ich in Richtung Autobahn-Zubringer Hamburg. Aber sofort werde ich von zwei weiblichen SkinInnen korrigiert.

»Das ist die falsche Richtung, Kameraden! Folgt uns! Wir wissen, wo Karnickelweg 7 b ist!«

Durch einen dicken Stein, der vor ein paar Sekunden noch in meiner rechten Hand lag, geht die Vitrine von Münürs Fleischerladen zu Bruch. Ich weiß nicht, wer der Täter ist. Aber das geschieht dem Halsabschneider Münür ganz recht!

»Das ist Karnickelweg 7 b, Kameraden! Reißt den Hammeln die Eier ab!«, rufe ich und zeige auf den Fleischerladen.

Aber keiner hört mehr auf mich. Alle laufen den glatzköpfigen FrauInnen hinterher: direkt zu meiner Wohnung. Diese Abkürzung kannte ja nicht mal ich! Mir bleibt nichts anderes übrig, als die Fenster von Mehmets Zimmer als Ziel anzugeben. Mehmet, dem linksradikalen Vaterquäler, dem ewigen Studenten, dem unverbesserlichen Betonkommunisten und Mit-Dreckigen-Schuhen-Teppich-Verschmutzer! Noch bevor ich was sagen kann, gehen beide Fenster von Mehmets Zimmer mit großem Geschepper für immer von uns. Die beiden SkinInnen sind bemerkenswert treffsicher. Verwirrt steckt Mehmet seinen Kopf durchs Fenster, ohne es aufmachen zu müssen.

»Hallo Silke, hallo Maike! Was ist los? Warum habt ihr nicht geklingelt?«, ruft Mehmet etwas irritiert. Jetzt erkenne ich sie auch wieder, die beiden blonden Mädchen aus Mehmets Harem.

»Was ist denn mit euren Haaren passiert? Seid ihr etwa Skinheads geworden?«, höhnt er weiter.

»Was soll schon aus Frauen werden, die du mal abgeschleppt hast?!«, rufen die beiden wie im Chor.

Leider trifft ihn nur die Silke voll am Kopf!

Gebt den Skinheads einen türkischen Pass!

»Guten Abend, Herr Engin, dürfen wir reinkommen?«, fragt einer der beiden unauffälligen Herren vor meiner Tür und hält mir seine Polizeimarke vor die Nase.

»Ich bin nicht der Mörder, Herr Derrick«, schreie ich völlig hysterisch, »ich hab nicht die Frau des Sparkassenleiters umgebracht! Der Kassierer, den Sie vorhin verhaftet haben, der war der Mörder! Wieso wollen Sie das jetzt mir in die Schuhe schieben?«

»Osman, hör auf rumzuspinnen! Der Kriminalfilm ist doch längst zu Ende«, beruhigt mich meine Frau. »Da müssen Sie sich nichts bei denken, meine Herren. Es ist jedesmal das Gleiche mit ihm. Um nach Spielfilmen wieder in die Realität zurückzukommen, braucht mein Mann immer Stunden.«

»Wir müssen Ihnen etwas sagen, Herr Engin«, flüstert Stefan, mein Gast, mit belegter Stimme. »Deutschland geht es zur Zeit sehr schlecht!«

»Ich kann nichts dafür! Ich habe den Schröder nicht gewählt! Ich habe ja nicht mal Wahlrecht!«

»Wir machen keinen Spaß, Herr Engin, Deutschland geht es wirklich sehr schlecht!«

»Und deshalb müssen neuerdings sogar Polizisten betteln gehen?«, frage ich völlig verwirrt.

»Eminanim, gib dem armen Harry doch mal zwei Euro.«

»Wir meinen das jetzt nicht nur wirtschaftlich, Herr Engin. Deutschlands Ansehen geht es im Ausland sehr schlecht!«

»Nein, wirklich?«

»Doch, ganz bestimmt!«

»Aber einer Sache, die gar nicht existiert, der kann es doch nicht schlecht gehen!«

»Sehen Sie, so krass wie Sie wollten wir es gar nicht ausdrücken. Übrigens vielen Dank für die zwei Euro.«

»Gern geschehen, Harry. Mehr kann ich für Sie leider nicht tun.«

»Doch, doch, das können Sie. Setzen wir uns mal hin. Lassen Sie uns direkt zur Sache kommen. Herr Engin, jede Woche kommt es in Deutschland zu mehr als fünfzig rassistisch motivierten Gewalttaten ...«

»Das sind mehr als alle Bundesligatore an einem Samstag zusammen!«

»Die Stürmer in der Bundesliga sind ja auch kaum noch Deutsche, im Gegensatz zu unseren Rechtsradikalen.«

»Herr Engin, wir wissen, was Sie für Deutschland tun können: Sie werden in fünf Tagen ein dreistöckiges Haus abfackeln«, meint Stefan plötzlich.

»Wäre es nicht vielleicht besser, wenn ich zur Übung mit etwas Kleinerem, zum Beispiel mit einem zweistöckigen Haus, anfange?«

»Nein, nein, das haben wir schon alles durchgeplant! Es muss ein dreistöckiges Haus mit elf verbrannten Türken sein, so was sorgt im Ausland für mehr Aufsehen!«

»Muss ich die alle elf verbrennen oder kann ich ein paar von denen erschießen, abstechen, köpfen oder eigenhändig erwürgen?«

»Von mir aus, wenn Sie unbedingt drauf bestehen.«

»Was glauben Sie eigentlich, bei wem Sie hier zu Besuch sind?! Steht auf unserer Klingel etwa ›Dachverband der Skinhead-Vereine Deutschlands‹?«

»Nicht doch, nicht doch, wir sind doch keine Unmenschen. Diese elf Unfallleichen haben wir schon seit Wochen im Kühlschrank. Nach dem Brand werden die ausländischen Medien tagelang über nichts anderes berichten als über den ›Hässlichen Deutschen‹. Und dann werden wir die schreckliche Wahrheit herausbekommen, dass es wie immer die Ausländer selbst waren, die den Brand gelegt haben. Danach werden mein Kollege und ich befördert und kommen in eine höhere Gehaltsgruppe! Und Deutschland hat eine weiße Weste!«

»Prima! Und ich komme für fünfunddreißig Jahre in den Knast! Klasse Idee!!«

»Nein, Sie kommen für kurze Zeit in eine psychiatrische Anstalt und Ihre Familie erhält bis an ihr Lebensende einen monatlichen Scheck über viertausend Euro.«

»Sagen wir fünftausend Euro und wir sind im Geschäft«, ruft meine Frau dazwischen.

»Frau, bist du denn verrückt geworden? Du weißt, ich kann nicht mal einen Grill anmachen, ohne mich selbst zu verbrennen!«

»Keine Sorge, das erledigen wir schon für Sie«, meldet sich Harry wieder zu Wort, »ich bin Experte bei Brandstiftungen.«

»Werde ich dem Feuerwehrmann meine Tat gestehen?«, gehe ich ins Detail.

»Nein, das hatten wir erst kürzlich. Auf Dauer fällt das auf.«

»Es ehrt mich, meine Herren, dass Sie mich für diese überaus wichtige Sache ausgesucht haben. Aber ich kann so was nicht. Dieses Ding ist mindestens fünf Nummern zu groß für mich.«

»Ach, stellen Sie sich doch nicht so zimperlich an«, wird Stefan sauer, »jeder Ausländer ist ein potenzieller Krimineller. Wollen Sie etwa behaupten, Sie hätten überhaupt keine Leiche im Keller?«

»Ich habe nicht mal einen Keller.«

»Nun gut, Herr Engin, sehen Sie dieses hübsche weiße Tütchen hier?«

»Oh, danke! Schön, dass Sie daran gedacht haben. Ich trinke meinen Tee immer mit sehr viel Zucker. Eminanim, schenk den beiden Herren doch auch ein Glas Tee ein.«

»Das ist kein Zucker, Herr Engin. Das ist Heroin.«

»Tee mit Heroin habe ich noch nie probiert. Mal sehen, wie es schmeckt.«

»Osman, gib das Zeug her. Bist du denn total bescheuert?«, schimpft Eminanim.

»Hervorragend! Jetzt habe ich von Ihnen beiden die Fingerabdrücke drauf«, freut sich Stefan wie ein Kind.

»Wenn Sie wollen, gebe ich Ihnen auch noch ein paar Autogramme«, protze ich als werdender Medienstar.

»Osman, du Idiot! Kapierst du denn gar nichts?! Die versuchen dich ganz offen zu erpressen!«, schreit meine Frau fassungslos.

»Aber das ist doch keine Erpressung«, sagt Stefan freundlich lächelnd, »ich lasse Ihnen die freie Wahl: Knast oder Klapsmühle?!«

»Mensch, Osman, sei froh, dass die elf Opfer bereits tot sind. Andernfalls hätte ich mich sofort von dir scheiden lassen«, tröstet mich die zweitgrößte Nervensäge des Mittleren Orients.

»Dann lass dich doch scheiden! Menschen zu verbrennen, die bereits tot sind, ist hinterhältig und brutal. Denn die können sich weder wehren, noch weglaufen, noch um Hilfe rufen!«

»Keine Angst, ich lass mich nicht scheiden. Irgendjemand muss sich doch jeden Monat um die armen fünftausend Euro kümmern, wenn sie dich ins Irrenhaus stecken.«

Die beiden Männer, die mit ihrer Dienstpistole, dem Funkgerät und dem Herointütchen rumfuchteln, gehen mir langsam auf die Nerven.

»Wie wär's denn, wenn Sie zur Abwechslung mal Ihre Energie dafür verwenden, die wirklichen Täter zu fassen«, stöhne ich, »anstatt aus unschuldigen Menschen geisteskranke Täter zu machen.«

»Das versuchen wir ja auch meistens. Aber das Ergebnis ist so peinlich. Wir treffen immer auf armselige deutsche Jugendliche mit dem IQ einer Plastiktüte!«

»Aber dafür gibt's doch eine praktische Lösung, mit der allen Seiten gedient wäre«, sage ich, »gebt den Skinheads einen türkischen Pass!«

Nach fünf Tagen klingelt es zur vereinbarten Zeit an der Tür. Stefan und Harry stehen im Flur.

»Und jetzt, meine Herren, werden Sie Zeuge meiner Verhaftung«, rufe ich den dreiundachtzig Reportern aus aller Welt in meinem Wohnzimmer zu. Hunderte von Blitzlichtern und Kameras treten in Aktion, um diese wichtige Szene rund um den Globus zu übertragen.

»Herr Engin, wir müssen die Sache abblasen«, flüstert Stefan, »es haben heute Nacht bereits so viele Anschläge mit Toten in Deutschland stattgefunden, da wäre unser selbst gebastelter in den Medien völlig untergegangen.«

»Aber das können Sie mir doch nicht antun«, schimpfe ich enttäuscht, »ich gebe gerade eine Pressekonferenz. Alle wissen bereits, dass ich vorhin elf Menschen verbrannt habe!«

»Sind Sie denn wahnsinnig, so einen Blödsinn zu erzählen?!«

»Jawohl, und jetzt komme ich in die Klapsmühle, das habe ich denen auch schon erzählt! Hat es denn heute Nacht keinen Brand mit elf Toten gegeben, den ich übernehmen könnte?«

»Mal sehen ... in Dresden gab es vier Tote, in Bottrop drei, in Nürnberg zwei, in Frankfurt an der Oder drei ...«

»Sind genau zwölf Tote. Diese vier Brände übernehme ich«, rufe ich begeistert, »und den zwölften Toten übernehme ich noch freiwillig dazu. Sozusagen als mein Geschenk an den deutschen Rechtsstaat.«

»Das geht nicht! Sie können die vier Brände unmöglich in einer Nacht gelegt haben. Die Städte liegen viel zu weit auseinander!«

»Ich muss diese vier Brände übernehmen! So viel Geld verdiene ich in Halle 4 nicht mal in hundert Jahren! Ich habe nämlich gerade die Exklusivrechte an meiner Story an Sat. 1 und den Stern verkauft!«

Ein ganz gewöhnlicher Herbsttag

In diesen Herbsttagen ist die Straßenbahn mal wieder besonders voll. Die Luft ist warm, feucht und stinkt fürchterlich. Dann steigen fünf Typen in den Anhänger ein, und die sind garantiert noch voller als die Straßenbahn. Und stinken tun sie auch mehr. Ohne viel Zeit zu verlieren, fangen sie gleich an, einen armen Ausländer hinter mir zu beleidigen.

»Ey, du Kanake, was willst du denn hier, du Arschgesicht?! Das ist eine deutsche Straßenbahn!«

Ich drehe mich nicht mal um. Ich habe heute schon genug Ärger mit meiner Frau und mit meinem Meister gehabt.

Das Arschgesicht, ich meine, der Angegriffene hinter mir, sagt kein Wort. Genau wie all die anderen Arschgesichter in der Straßenbahn, die noch bis vor einer Sekunde laut miteinander diskutiert haben. Wie die beiden Herren im Mantel vor mir, die über Aktienkurse debattiert haben. Oder wie die beiden dicken Frauen, die über eine Hochzeit oder über irgendeine Scheidung herzogen. Oder wie das Rentnerpaar neben mir, das über laute Jugendliche gelästert hat. Also im Vergleich zu all den anderen Fahrgästen in der Straßenbahn ist mein Benehmen als absolut normal zu bezeichnen. Ich habe vorher schon geschwiegen und gebe immer noch keinen Ton von mir.

»Ey, du Ausländerschwein, bist du taub?!«, schallt es durch die ganze Straßenbahn.

Ich schaue alle Fahrgäste an, um sie zu ermuntern, doch etwas zu sagen und sich einzumischen. Aber natürlich geschieht nichts dergleichen. Dieses Verhalten kann man den

Deutschen nicht mal übel nehmen. Die Leute sind doch eigentlich nur konsequent und traditionsbewusst. Vor einiger Zeit hat das deutsche Volk auch geschwiegen und weggeschaut. Warum sollten sie diese Grundhaltung plötzlich ändern?! An dieser Standhaftigkeit erkennt man die Charakterstärke der Deutschen.

»Ey, hörst du nicht, du stinkende Türkensau?!«

Soll ich vielleicht aufstehen und den ganzen Deutschen ein Vorbild sein? Um ihnen mal zu zeigen, was eine Harke . . . ich meine Zivilcourage, ist?!

Ich darf mich aber auch nicht so gehen lassen! Das könnte leicht falsch verstanden werden und ich würde als engstirniger Nationalist dastehen. Weil ich als Türke einem anderen Türken zur Hilfe eile. Da will ich nichts von wissen. Und ich halte es auch nicht für ein geeignetes Mittel, strohdummem Nationalismus mit genauso dämlichem Nationalismus zu begegnen.

Uneigennützig wie ich bin, gebe ich lieber meinen deutschen Mitbürgern die einmalige Chance, einen Funken Menschlichkeit eindrucksvoll zu demonstrieren. Wie sagt man doch so schön: Die Hoffnung stirbt als Letztes!

Aber nach einer Weile muss ich einsehen, dass die Hoffnung, entweder der blöde Ausländer oder die fünf stinkenden Idioten würden an der nächsten Haltestelle aussteigen, größer ist, als dass auch nur ein Einziger von den Fahrgästen eingreift! Sogar die Chance, dass ein Stoßtrupp kleiner grüner Marsmenschen unsere Straßenbahn besetzt und dem armen Menschen hinter mir zur Hilfe eilt, ist viel, viel größer! Und das trotz der Gewissheit, dass es auf dem Mars in Wirklichkeit nur ganz, ganz wenige kleine grüne Marsmenschen gibt.

Na gut, sehen wir es ein: Niemand wird hier was sagen!

Und wir fahren weiter, ohne dass jemand ausgestiegen ist.

Und niemand ist eingestiegen; ein Marsmensch mit Zivilcourage zum Beispiel.

Es bleibt wohl an mir hängen! Jetzt muss ich doch eingreifen! Selbst auf die Gefahr hin, als dumpfer Nationalist abgestempelt zu werden.

Aber was soll ich denn bloß machen?!

Mit denen etwa reden?!

Mit solchen Arschlöchern?!

Kann man mit denen reden?!

Die können doch überhaupt nicht argumentieren, ohne rumzugrölen und irgendwelche Hassparolen herunterzuleiern! Handgreiflich werden?!

Soll ich mich etwa auf deren Niveau herablassen?!

Die Zeiten haben sich aber schnell geändert. Die deutschen Jugendlichen haben heutzutage keine Angst mehr vor türkischen Messerstechern.

Welche Chance hätte ich denn gegen diese fünf besoffenen Vollidioten, die höchstwahrscheinlich auch bewaffnet sind?! Ich habe keine Pistole und kein Messer: Ich habe nicht mal Zahnstocher. Ja, ich habe nicht mal Zähne, um sie zu beißen!

Und in dieser Straßenbahn wird mir sowieso keiner helfen. Vielleicht nicht mal der Ausländer selber. Der ist wahrscheinlich vor lauter Angst ohnmächtig geworden.

Außerdem hasse ich Brutalität; nicht nur im Fernsehen, auch in der Straßenbahn!

Plötzlich höre ich laute Geräusche hinter mir. Die fünf stinkenden Versager sind wohl gleichzeitig aufgestanden. Herr im Himmel, jetzt geht's dem armen Türken an den Kragen!

Zu meinem Erstaunen pflanzen sich die fünf Stinktiere direkt vor meiner Nase auf.

»Ey, Kanake, kannst du nicht antworten? Wir reden doch die ganze Zeit mit dir, du Arschgesicht!«

Der Größte von den fünf zerrt mit seinen dreckigen Fingern an meinem Kragen. Ich ekele mich fürchterlich und zittere vor Angst.

»Du dämliche Türkensau, hast du deine Zunge verschluckt oder was?!«

Entsetzt schnappe ich nach Luft und kann soeben noch röcheln:

»Aber ich habe doch den deutschen Pass!«

Der Doppel-Pass-Räuber

»Hände hoch! Das ist ein Überfall! Ich habe gesagt, Hände hoch! Keiner rührt sich! Sonst gibt's 'n Loch in die Birne!«

Kaum habe ich die Tankstelle betreten, höre ich diesen jungen Gangster mit einer Strumpfhose über dem Kopf hinter mir rumbrüllen. Direkt nach mir ist er mit der Waffe in der Hand in den Laden gestürmt. Wie ein Irrer ballert er auf die arme Videokamera oben an der Ecke.

Hinter dem Tresen hebt die Kassiererin die Arme hoch und starrt den jungen Kriminellen verstört an. Mindestens genauso verstört glotzt der zurück.

»Los, rück die Kohle raus!«, sagt der Gangster mit der doppelten Staatsangehörigkeit (ohne Doppel-Pass wäre er bestimmt kein Krimineller geworden!).

Die Kassiererin ist wie vom Donner gerührt und bewegt sich nicht vom Fleck.

Vor einem Monat hat mich mein Ex-Arbeitskollege Cumali Tekerlek zum Besuch seiner neuen Tankstelle eingeladen. Aber erst jetzt habe ich die Zeit gefunden, mir seinen neuen Laden anzugucken. Aber Cumali ist überhaupt nicht da. Es wäre gelogen, dass ich meiner Umgebung immer viel Glück bringe, aber so viel Pech habe ich bestimmt noch keinem beschert.

»Außer mir natürlich«, würde meine Frau Eminanim jetzt sofort Einspruch erheben.

»Mädchen, hast du was an den Ohren oder verstehst du kein Deutsch?!«, brüllt der Räuber.

Hinten im Laden fällt eine Flasche auf den Boden. Die Strumpfhose dreht sich blitzschnell um und rennt zu dem

Regal. Ein Handwerker im Blaumann nutzt die Gelegenheit aus und steckt ein paar Flaschen Schnaps in seine Tasche.

»Ey, Alter, hast du den Arsch offen! Was soll der Scheiß? Pack sofort den Schnaps wieder zurück!«

»Ich will doch nur eine einzige Flasche«, sagt der Blaumann zur Strumpfhose.

»Nix da! Das ist mein Überfall! Such dir eine eigene Tankstelle zum Ausrauben!«

»Aber Bruder, ich bin doch auch ein Türke. Dein Überfall ist mein Überfall. Und mein Überfall ist auch meiner!«

Nach kurzem Überlegen gibt der Räuber mit einem Kopfnicken sein Einverständnis dazu. Gleich danach brechen im Raum laute Geräusche aus. Die Kunden, die, inklusive mir, zuvor atemlos den Überfall verfolgt haben, fangen an, die Tankstelle zu plündern.

»Ey, was ist denn hier los? Legt sofort wieder die Sachen zurück! Wir sind doch nicht beim Roten Kreuz, wo man alles umsonst kriegt!«, schreit der Räuber und läuft zu einem weißblond gefärbten Jungen, der die riesigen Taschen seiner Skateboardfahrer-Hose mit Schokoriegeln voll gestopft hat.

»Los, du Kartoffelfresser, leg die Schokolade zurück! Oder soll sie als Kakao aus deinem Bauch wieder rausfließen?!«

»Wegen paar Süßigkeiten kizma be Moruk?«

»Scheiße, sende mi Türksün? Ich weiß, mein Überfall ist dein Überfall, kenn ich schon! Nimm deine Schokolade, dein Skateboard und hau ab!«

Hinter dem Blonden kniet zwischen den Regalen ein Schwarzer und versucht zwanzig Dosen Motoröl gleichzeitig hochzustemmen. Die Strumpfhose zielt mit der Pistole direkt auf den Kopf des Plünderers und schreit:

»Alter, wenn du beweisen kannst, dass du auch ein Türke bist, dann knalle ich mich selber ab!«

61

»Also direkt Türke bin ich nicht! Aber ich gehe immer zum Türken essen. Ich mag Döner und Bauchtanz. Raki sok güsel. Antalya vallah Paradies!«

»Ein Türkeiurlaub ist doch kein Grund, gleich ein paar Tonnen Motoröl zu klauen!«

Der Schwarze stellt die Öldosen wieder auf den Boden. Er zieht sein Hemd aus der Hose, macht genau über dem Bauchnabel einen dicken Knoten und fängt fürchterlich singend einen Bauchtanz an.

»Oynama, sikidim, sikidim. Oynama, sikidim, sikidim. Yakalasm, muah, muah!«

»Oh Gott, hör mit dem Scheiß auf und bedien dich!«

An den Zapfsäulen draußen sehe ich einen roten, aufgemotzten Manta. Der Fahrer, ein blonder Proll mit Fransen-Lederjacke, der gerade für zwanzig Euro getankt hat und bereits auf dem Weg zur Kasse war, läuft wieder zurück, tankt seinen Wagen randvoll und schmeißt den Schlüssel durch die offene Tür auf den Fahrersitz. Seine blonde Freundin mit Dauerwelle blickt ihn fragend an.

»Voll geil, ey«, höre ich den Proll grölen. »Ein paar Kanaken überfallen gerade die Tankstelle. Ich hab die Karre voll getankt. Komm mit, wir holen uns einen Kasten Bier raus!«

Der Proll und seine Frisöse lassen den Manta mit offenen Türen stehen und laufen zu uns herüber.

Der junge Räuber mit der Strumpfhose wird immer hektischer.

»Na, wird's bald, Mädchen! Oder soll ich erst deine Kasse erschießen?! Jetzt pack endlich die Kohle zusammen.«

Die junge Kassiererin steht immer noch fassungslos mit aufgerissenen Augen da. Um für meinen Freund Cumali Tekerlek ein paar Hunderter zu retten, fasse ich mir ein

Herz und gehe ganz langsam hinter den Tresen zur Kasse.

»Hey, weg da! Soll ich dir dein bisschen Hirn aus der Birne wegpusten oder was?!«

»Mach doch keinen Stress, Junge«, versuche ich ihn zu beruhigen. »Das dauert mir hier alles viel zu lange. Ich will dir doch nur das Geld geben.«

Noch bevor die Strumpfhose den ganzen Haufen vom Tresen wegnehmen kann, schnappe ich mir vier Fünfzig-Euro-Scheine. »Leg sofort das Geld wieder zurück!«, kreischt er völlig hysterisch. »Das ist mein Überfall. Bei Geld kenne ich keine Verwandten.«

»Jetzt stell dich doch nicht so an. Ich hab dir doch geholfen.«

»Maul halten, das gehört alles mir! Leg die Kohle wieder auf den Tisch!«

Ich lege einen Fünfzig-Euro-Schein wieder zurück auf den Haufen.

»Gut, gut, dann eben nur hundertfünfzig Euro«, sage ich beschwichtigend.

»Nein, verdammt noch mal!«

Ich lege noch einen Fünfziger zurück und sage: »Hundert Euro sind auch korrekt.«

Die Strumpfhose zielt mit der Waffe genau zwischen meine Augen.

»Einverstanden, fünfzig Euro reichen auch«, gebe ich ihm Recht. Als Antwort entsichert er die Pistole.

»Na gut, du hast mich überzeugt. Aber ein Überraschungs-ei für meine Tochter Hatice will ich auf jeden Fall haben!« Ohne zu antworten, reißt mir der Räuber den Schein aus der Hand und dreht sich um.

»Bist du etwa auch eine Türkin, die kein Wort Deutsch versteht?«, will er von der immer noch regungslosen Kassiererin wissen.

»Du weißt doch ganz genau, wer ich bin, Yücel! In der Berufsschule hast du mich jahrelang angebaggert. Ich bin's, Karin, das Flachland!«

»Das Flachland! Mensch, Karin, wie hast du mich denn mit der Tarnung nach so langer Zeit erkennen können? Ich war über drei Jahre lang im Knast. Ich bin erst heute Mittag entlassen worden.«

»Dich hätte ich sogar mit einem Sack über dem Kopf wiedererkannt, Yücel. Deine Stimme werde ich nie vergessen! Deinen Mundgeruch allerdings auch nicht!«

Danach packt Karin das ganze Geld in eine Plastiktüte und wirft aus dem Regal hinter sich noch mehrere Packungen Zigaretten in die Tüte.

»Yücel, lass mich doch mitkommen! Ich hab keinen Bock mehr auf den blöden Job!«, höre ich sie rufen. »Mein Chef schmeißt mich sowieso raus, weil ich schon zum dritten Mal ausgeraubt werde. Der meint, die ganzen halbstarken Jugendlichen würden seine Tankstelle nur überfallen, um mir zu imponieren.«

»Mann, bin ich heut' aber ein Glückspilz!«, jubelt der Gangster. »Ich wollte nur ein Auge haben, aber Gott gab mir zwei!«

Die beiden Strumpfhosenträger, die eine auf dem Kopf, die andere auf dem Hintern, verlassen Hand in Hand mit ihrer Plastiktüte die Tankstelle. Sie laufen direkt zu dem Manta, der immer noch mit offenen Türen dasteht. Mit lautem Reifengequietsche rasen sie los. Und ich renne hinterher, um mir das Kennzeichen zu merken. In dem Moment kommt mein Ex-Arbeitskollege Cumali Tekerlek aus der Waschanlage gestürmt und stellt sich dem Fluchtwagen in den Weg. Mit einer Vollbremsung kommt der Wagen zum Stehen. Das Pärchen schaut sich kreidebleich an.

Karin, das Flachland, kreischt:

»Oh verdammt, mein Chef!«

Yücel, der Doppel-Pass-Räuber, brüllt:

»Scheiße, mein Vater!« Mein Kollege Cumali Tekerlek beugt sich durch das geöffnete Seitenfenster zum Fahrer rüber:

»Yücel, mein geliebter Sohn, haben sie dich heute schon aus dem Gefängnis rausgelassen? Du hast gerade bei deiner eigenen Tankstelle getankt! In Zukunft brauchst du hier nicht mehr zu bezahlen. Diese Tankstelle habe ich nur für dich gekauft!«

Oberkanakengeil

Endlich! Wie habe ich diesen Tag herbeigesehnt! Hatice muss endlich zur Schule gehen und wir haben wenigstens den halben Tag Ruhe zu Hause. Sollen sich doch jetzt die Lehrer mit dem kleinen Teufel rumärgern! Wozu bezahle ich denn so viel Steuern?!

Seit kurzem besucht Hatice die Grundschule nebenan. Am ersten Tag hat noch die gesamte Familie sie bis zur Schule begleitet. Meine Frau hat für Hatice eine ganz große Zuckertüte gekauft. Für mich und die anderen hat sie jeweils nur eine ganz kleine Tüte besorgt. Zum Ausgleich habe ich zwei Schokobonbons aus Hatices Schultüte mitgehen lassen. Es war ja schließlich auch ein langer Weg bis um die Ecke.

»Osman, beklau doch nicht dein eigenes Kind! Ich habe dir extra eine eigene Zuckertüte gekauft«, schimpft Eminanim.

»Aber nicht so groß!«, protestiere ich.

»Oh, du arme Hatice, jetzt musst du mindestens zwanzig Jahre lang zur Schule und den ganzen Tag Mathematik lernen«, stöhnt ihr linksradikaler Bruder, der ewige Student Mehmet. »Schau mich an, ich musste auch so klein anfangen wie du und ich muss heute immer noch dahin!«

»Mehmet, hör auf, der Kleinen Angst zu machen. Ist ja schließlich nicht jeder so unfähig wie du«, zischt ihn Eminanim von der Seite an und schlägt ihm mit der eigenen Zuckertüte auf den Kopf.

»Papa, stimmt denn das, was Mehmet gesagt hat?«, fragt Hatice mit entsetzten Augen. »Das sag ich euch gleich, wenn ich dort ständig rechnen muss, dann trete ich aus dem Verein sofort wieder aus! Aber zwei Wochen Probezeit will ich denen schon einräumen. Man muss den Leuten auch mal eine Chance geben. Und in der Zeit will ich mir eine eigene Meinung über diesen Laden verschaffen!«

»Aber Hatice, du bist doch jetzt ein großes Mädchen geworden. Und große Mädchen dürfen bereits zur Schule«, versuche ich ihren Stolz zu kitzeln, damit sie nicht gleich am ersten Tag alles hinschmeißt. »Das haben wir nämlich in letzter Zeit daran gemerkt, dass du sehr artig geworden bist. Deine Mutter und ich sind sehr froh darüber, dass wir uns kaum noch über dich ärgern müssen.«

»Das stimmt doch hinten und vorne nicht«, fuchtelt sie mit ihrer Schultüte durch die Gegend. »Das ist doch nur so, weil ich alles, worüber ihr euch ärgert, inzwischen heimlich tue!«

»Oh, Allah, die armen Lehrer! Die können einem echt Leid tun«, denke ich laut vor mich hin.

»Osman, glaubst du, die machen einen solchen Beruf freiwillig?«, flüstert Eminanim.

»Aber Frau, in Zeiten von Massenarbeitslosigkeit sind die verzweifelten Menschen über jeden Job froh und sei er noch so gesundheitsschädlich.«

»Osman, ich habe gehört, dass Hatice mehr als zehn deutsche Mitschüler haben soll. Hoffentlich geht das bloß gut, bei einem so großen Deutschenanteil.«

»Ich habe keine Vorurteile gegen deutsche Kinder. Das Einzige, worüber ich mir Sorgen mache, ist, dass sie schon in zwei, drei Jahren mit Sexualunterricht anfangen.«

»Osman, so lange brauchst du nicht zu warten. Wenn du was Konkretes wissen willst, kann Hatice dich jetzt schon aufklären.«

Hatice ging gerade mal zwei Wochen zur Schule, schon hatte ihre Lehrerin Frau Ingeborg Lehrknecht-Ziegenbart nur für mich ganz allein einen Elternsprechtag organisiert.

»Herr Engin, ich muss Ihnen leider sagen, dass sich Hatice ihre Aufgaben von Mitschülern machen lässt. Und das für fünfzig Cent pro Tag.«

»Hatice, stimmt das etwa?! Kind, wie kannst du mir das antun?!«, frage ich sie vor versammelter Lehrerschaft mit einem so tollen pädagogischen Unterton in der Stimme, dass alle Lehrer neidisch werden.

»Damit aber nicht genug, Herr Engin. Hatice hat mir allen Ernstes Geld angeboten, damit ich Ihnen davon nichts erzähle. In meiner ganzen Karriere habe ich so was noch nicht erlebt!«

»Nehmen Sie es doch nicht so tragisch, Frau Lehrknecht-Ziegenbart. Die Kleine hat auch mir schon öfters Schmiergeld angeboten, damit ich ihrer Mutter nichts verrate. Mindestens die Hälfte ihrer Bestechungsversuche habe ich natürlich rundum abgelehnt.«

»Vater, was erzählst du denn da?!«, stoppt mich Hatice. »Ist das etwa meine Schuld?! Von Mutter und dir war doch kein besseres Kind zu erwarten. Eure Sternzeichen passen genauso wenig zusammen wie eure Chromosomen. Da kann ja nichts Vernünftiges bei rauskommen. Das habe ich euch damals gleich gesagt!« Und dann bekommt auch noch die Lehrerin ihr Fett ab:

»Wenn Sie unbedingt jemanden bestrafen wollen, dann knöpfen Sie sich Klaus und Ingo vor. Die beiden haben doch Schmiergelder angenommen und sich zum Nachteil der Allgemeinheit bereichert!«

»Die Schmiergeld-Affäre ist aber nur die Spitze des Eisberges, Herr Engin«, stöhnt Frau Ingeborg Lehrknecht-Ziegenbart, »ich habe ja nichts dagegen, wenn die Schüler in der Pause Karten spielen. Aber ich finde es unerhört, dass Hatice mit gezinkten Karten spielt. Denn beim Strip-Poker habe ich mich früher noch nie bis auf die Unterhosen ausziehen müssen. Erst recht nicht vor Erstklässlern! Und Hatice hat nicht mal ihre Mütze abgesetzt!«

Nachdem Hatice wieder in die Klasse gegangen ist, erzähle ich der Lehrerin natürlich nicht, dass ich mit ihr hätte besser lesen sollen, anstatt Poker zu spielen. Stattdessen erzähle ich, dass man uns vor zwei Jahren gezwungen hat, diesen Teufel zu adoptieren.

Drei Wochen später hole ich Hatice wieder mal von der Schule ab. In diesen drei Wochen habe ich viele neue deutsche Feiertage kennen gelernt, die mir in den letzten dreißig Jahren völlig unbekannt waren: »Erntedankfest wegen Marias Empfängnis!«, »Heiligen Drei Könige und die Siebenschläfer!«, »Buß- und Bettag am Gründonnerstag!«, »Totensonntag am Rosenmontag!«, »Volkstrauertag der deutschen Einheit!«

Mindestens an drei Tagen der Woche hat das Kind irgendeinen Feiertag erfunden, um die Schule zu schwänzen. Wir haben das erst gemerkt, als ich von meiner Firma eine Abmahnung erhielt: Wegen häufigen Fehlens drohte man mir, mich rauszuschmeißen. Denn an den ganzen neuen Feiertagen bin ich genauso wie Hatice zu Hause geblieben. Seitdem bringe ich sie persönlich zur Schule. Auch samstags und sonntags! Und erst recht an hohen Feiertagen wie die Heiligen Drei Könige und die Siebenzwerge!

»Na, Hatice, wie läuft es denn in der Schule?«, frage ich sie.

»Oberkanakengeil, ey«, ruft sie.

»Waas? Was für ein Ober?!«

»Oberkanakengeil!«

»Hatice, was heißt das genau, wenn ich fragen darf?«

»Das heißt, es geht mir so gut, wie es einem Kanaken in Deutschland überhaupt gehen kann!«

»Oh, das finde ich aber schön, mein kleines Kanakchen!«

»Vater, ich sitze am Fenster direkt neben der Heizung. Es ist schön warm, ich kann nach draußen gucken und ich lass den lieben Gott einen guten Mann sein!«

»Hatice, was anderes: Was willst du denn werden, wenn du mal groß bist?«

»Zauberer, Briefträger und Bundeskanzler natürlich!«

»Oh, da wäre ich aber stolz auf dich! Du wärst der erste weibliche türkische Kanzler in Deutschland. Falls es deine Mutter nicht vor dir schafft. Was willst du denn machen, wenn du Bundeskanzler bist?«

»Alle Schulen verbieten und die Lehrer in die Wüste schicken!«, dabei tritt sie urplötzlich einem entgegenkommenden Rentner beide Krückstöcke weg.

»Hatice, was soll denn das?! Bist du jetzt total verrückt geworden?! Wie gehst du denn mit den Schwachen und Hilflosen dieser Gesellschaft um?! Noch bist du nicht der Bundeskanzler!«, schreie ich sie an.

»Das ist dafür, was die Kerle früher mit den Juden gemacht haben«, zischt sie mit hochrotem Kopf.

»Aber Hatice, mein Kind, das ist doch schon so lange her!«

»Aber ich habe es erst heute auf dem Schulhof erfahren«, ruft sie.

Hoffentlich erzählt ihr niemand, was zur Zeit in Deutschland los ist!!

The Day After

»Osman, nun steh doch endlich auf«, ruft Eminanim zum dritten Mal und reißt mir meine Decke weg.

»Ach, Frau, lass mich doch! Heute sieht das keiner so eng.«

»Los, komm, Osman, ab zur Arbeit.«

»Aber Eminanim, heute ist doch wieder ›The Day After‹. Heute kann ich mir absolut alles erlauben. Heute kann ich mal wieder richtig auf die Kacke hauen!«

»Das weiß ich ja. Aber deswegen brauchst du nicht gleich so zu übertreiben. Zwei Stunden Zuspätkommen sollten reichen.«

»Mach dir mal keine Sorgen. Heute gehe ich bestimmt gerne arbeiten. Heute ist einer der wenigen Tage, an denen ich zur Abwechslung mal den Meister anmachen kann.«

Gähnend stehe ich auf, frühstücke genüsslich und ziehe mich in aller Ruhe an.

»Osman, jetzt hau doch endlich ab!«, schimpft Eminanim. »Ich muss doch auch raus. Ich muss zu mindestens einem Dutzend Einladungen bei deutschen Nachbarn zu Kaffee und Kuchen.« Und während sie mir die Arbeitstasche mit dem Pausenbrot unter den Arm klemmt, fügt sie leise hinzu:

»Aber du hängst mir nicht wieder stundenlang in Cafés oder Kneipen rum. Du gehst jetzt brav direkt zur Arbeit.«

»Und du darfst auf gar keinen Fall vergessen, heute Nachmittag das große Kochtopf-Set zu kaufen. Schließlich warten wir schon lange genug drauf. So viel Rabatt wie heute kriegen wir in der nächsten Zeit nie wieder.«

»Sag mal, Osman, soll ich nicht noch mal versuchen, beim Vermieter die Miete zu drücken?«

»Nein, Eminanim, man soll nichts übertreiben. Das hast

du schon die letzten Male gemacht. Wir können doch echt nicht meckern, für diese Vier-Zimmer-Wohnung bezahlen wir nur noch fünfundsechzig Euro im Monat.«

»Na gut, dann bestelle ich aber für heute Abend einen Tisch in einem deutschen Restaurant. Wir haben schon lange nicht mehr umsonst gegessen.«

»Du hast Recht, der letzte ›Day After‹ war vor einem Monat.« Als ich endlich im Treppenhaus erscheine, haben sich alle meine Nachbarn komplett in Reih und Glied aufgestellt, um mich begrüßen zu dürfen.

»Guten Morgen, Herr Engin.«

»Einen wunderschönen guten Morgen, Herr Engin.«

»Herr Engin, meine Familie hofft, dass Sie eine angenehme Nachtruhe hatten.«

Mit einem Kopfnicken, ohne sie anzusehen, erwidere ich – wie immer lässig – ihre Grüße.

»Schon gut, rührt euch! Ihr könnt jetzt wieder reingehen!« Heute gönne ich meinem Ford-Transit eine Pause, aber zur Bushaltestelle gehe ich auch nicht.

Ich stelle mich einfach vors Haus an die Straßenecke. Noch bevor ich dem ersten entgegenkommenden Wagen mit dem kleinen Finger ein Zeichen geben kann, kommt der schon durch heftiges Bremsen direkt neben mir zum Stehen.

»Darf ich Sie ein kleines Stück mitnehmen?«, fragt die pelzbehangene, ältere Dame am Steuer des roten Mercedes.

»Wenn Sie versprechen, mich nicht voll zu labern, dann fahre ich bei Ihnen ein bisschen mit«, sage ich gnädig, nett wie ich bin.

»Ich werd schweigen wie ein Grab! Ich sage garantiert nichts, bevor ich gefragt werde«, antwortet die vornehme Dame.

Ich lasse mich auf den Beifahrersitz fallen.

»Also gut, dann wollen wir mal«, sage ich.

»Danke fürs Mitkommen.«

»Bitte, bitte, gern geschehen.«

»Wenn Sie mir erlauben, möchte ich doch bemerken dürfen, dass ich eigentlich überhaupt niemals Anhalter mitnehme. Nicht mal Deutsche.«

»Ich weiß, ich weiß! Ist doch klar, ich bin im Bilde«, sage ich cool und lege den Sicherheitsgurt an. »Wenn Sie wollen, dann dürfen Sie mich auch heute Abend beim Ausgang von Halle 4 wieder abholen und zu meiner Wohnung zurückfahren.«

»Oh, wirklich? Das ist ja toll! Womit kann ich das wieder gutmachen?!«, freut sie sich bis über beide Ohren und sagt weiter:

»Entschuldigung, wie heißen Sie, wenn ich fragen darf?«

»Engin, Osman Engin.«

»Herr Engin, wenn es Ihnen recht ist, würde ich Sie gerne zu einer Tasse Kaffee einladen, wenn Sie es mir erlauben.«

»Na gut, Sie dürfen. Aber ich habe nicht so lange Zeit, ich will vor der Mittagspause in Halle 4 sein. Ich kann höchstens vier Tassen mit Ihnen trinken.«

Nachdem ich meine sechs Tassen Kaffee getrunken und fünf Stück Kuchen verdrückt habe, weigert sich der Kellner, dafür Geld anzunehmen.

»Der war aber nett, der Kellner«, bemerkt meine Fahrerin, während wir das Lokal verlassen. »Es ist aber auch unübersehbar, Herr Engin, Sie sind wirklich sehr beliebt.«

»So ist es, so ist es«, sage ich. »C'est la vie, heute ist halt ›The Day After‹!«

Verschämt nickt sie mit dem Kopf und flüstert:

»Ich weiß, ich weiß! Der Tag danach!«

»Oh, ich habe schlechte Nachrichten für Sie, schauen Sie mal«, sage ich.

»Das macht genau dreißig Euro«, ruft der Polizist meiner Fahrerin zu, »der Wagen steht im absoluten Halteverbot.«

»Sagen Sie mal, muss das wirklich sein, das ist ja fast eine ganze Monatsmiete!?«, frage ich etwas genervt.

»Gehören Sie etwa auch zu dem Auto?«, fragt der Polizist erschrocken.

»Ja, selbstverständlich.«

»Oh, Verzeihung, das tut mir Leid! Aber das konnte ich nun wirklich nicht wissen«, sagt er zerknirscht und reißt den Strafzettel hastig in Stücke.

Wieder im Auto schalte ich das Radio an:

»Die Zahl der Toten der gestrigen Lübecker Brand-Katastrophe hat sich inzwischen auf zehn erhöht«, sagt die Nachrichtensprecherin mit belegter Stimme.

»Ich erlaube Ihnen, mich die ganze Woche zur Arbeit zu fahren«, sage ich gönnerhaft zu meiner Fahrerin.

»Danke, danke, Herr Engin. Das ist sehr nett von Ihnen. Wenn Sie es mir erlauben würden, würde ich mich sehr darüber freuen.«

»Der Brand in dem großen Asylbewerberheim wurde erst heute Morgen vollständig gelöscht«, meldet das Radio.

»Sie dürfen mich auch die ganze Woche wieder nach Hause zurückfahren.«

»Danke, sehr nett von Ihnen.«

. »Ich glaube, Eminanim wird die Töpfe heute umsonst kriegen. Vorausgesetzt, in dem Laden ist das Radio an.«

»Was meinen Sie denn, Herr Engin? Das habe ich nicht verstanden.«

»Ach, unwichtig. Das war nur so eine Überlegung von mir. Ich meinte, hoffentlich ist heute in allen deutschen Läden und in allen Wohnungen das Radio an. Die gesamte Menschheit sollte sich diese unglaubliche Barbarei vergegenwärtigen.«

»Drei rechtsradikale deutsche Jugendliche wurden gestern Abend in der Nähe des Tatortes festgenommen«, sagt die Nachrichtensprecherin weiter.

»Eigentlich muss meine kleine Tochter Hatice auch noch irgendwie zur Schule«, murmele ich so vor mich hin.

»Sagen Sie mir nur, wann ich die Kleine abholen kann?«, fleht mich meine Fahrerin an.

»Wenn Sie mich zur Arbeit gebracht haben, dann können Sie ja das Kind abholen«, sage ich ganz lässig.

»Alle drei Jugendlichen hatten aber beweiskräftige Alibis und wurden bereits heute Morgen wieder freigelassen«, tönt es aus dem Radio.

»Meine Tochter Hatice kann natürlich auch alleine zur Schule gehen«, sage ich nicht mehr ganz so lässig. »Machen Sie sich um das Kind mal keine Sorgen.«

»Stattdessen wurde ein Ausländer festgenommen, der in dem Heim wohnte und selber verletzt wurde«, nervt die Stimme.

»Heute Abend kann ich auch mit meinem Arbeitskollegen Hasan wieder zurückfahren, machen Sie sich mal wegen mir nicht solche Umstände«, sage ich kleinlaut.

»Die Staatsanwaltschaft vermutet, dass der Ausländer das Feuer in dem Asylbewerberheim aus Eifersucht selber gelegt hat.« Ende der Durchsage.

Bei Allah, hätte ich dieses blöde Radio bloß nicht angemacht! Meine höfliche Fahrerin tritt urplötzlich mit aller Kraft in die Bremse. Quietschend kommt der Wagen zum Stehen.

»Vielen Dank fürs Mitnehmen«, sage ich, »ich steige schon freiwillig aus. Ich habe ja auch nur noch höchstens drei Kilometer bis zur Arbeit zu laufen.«

Mit einer hektischen Bewegung reißt sie die Beifahrertür auf und mit zwei kräftigen Fußtritten befördert sie mich auf den Bürgersteig.

»Sehen Sie zu, dass Sie aus meinem Wagen rauskommen! Hauen Sie endlich ab!«, flucht sie, während sie wieder Gas gibt. »Ihr habt unsere rechtsradikalen Idioten doch gar nicht nötig. Ihr bringt euch ja gegenseitig um!«

Hotel Karnickelweg

»Papa, Mama, Nermin, Zeynep, Hatice, kommt mal alle her! Wer von euch hat denn Lotto, Toto oder Glücksspirale gespielt? Hat jemand von euch an einer Gameshow teilgenommen?«, ruft Mehmet, während er aufgeregt mit dem Brief in der Hand hin und her wedelt.

»Na endlich! Sag's schon«, schreie ich voller Glück und packe Mehmet beim Kragen.

»Sag schon endlich, wie viele Millionen habe ich gewonnen?«

»Kein Geld! Es ist doch kein Bargeld, Papa!«

»Also ist es ein Auto?! Ich habe ein Auto gewonnen! Hoffentlich ist es ein Ford-Transit. Am besten ein Ford-Transit Cabriolet.«

»Papa, lass mich los, ich krieg keine Luft!«

»Sag schon, Mehmet, welche Farbe hat mein Ford-Transit Cabriolet? Ist es rot? Es kann nur rot sein! Bei Allah, ich habe ein knallrotes Ford-Transit Cabriolet gewonnen.«

»Papa, du erwürgst mich! Ich krieg ... öögh ... keine ... Luft ... ööö ...«

»Ein knallrotes Ford-Transit Cabriolet ...«

»Lebt ... ööö ... wohl ... Mutter ... ööghhh!«

»Osman, bist du wahnsinnig! Das ist doch kein Auto in deinen Händen, das ist Mehmet, der so knallrot angelaufen ist. Lass seinen Hals endlich los, sonst läuft er gleich blau an. Wenn du so weitermachst, hast du gleich einen blassblauen Mehmet GTX, zwei Meter tiefer gelegt, tief unter der Erde!«

Nermin kommt hastig aus ihrem Zimmer angelaufen.

»Ich, ich hab's getan! Ich war es! Seit Jahren schicke ich

schon alle Kreuzworträtsel ab, die mir in die Hände fallen. Der blassblaue Sportwagen gehört mir.«

Der knapp dem Schrottplatz entkommene Ford-Transit hustet, vibriert, spuckt und gibt so komische Geräusche von sich, als wäre sein Vergaser verstopft. In meiner schamlosen Habgier hätte ich fast eins meiner eigenen Kinder ermordet. Aber zum Glück war es nur Mehmet.

»Vater, spielst du denn immer noch Lotto und Toto?«, fragt Nermin. »Dafür hast du schon Geld ausgegeben, als ich noch ein Kind war.«

»Ich hab meine Lottoscheine schon ausgefüllt, da warst du noch nicht mal geplant.«

»Als wenn einer von denen jemals geplant gewesen wäre«, murmelt Eminanim.

»So ist das im Leben«, sage ich, »Allah gibt's, Allah nimmt's! Aber natürlich spiele ich Lotto, Nermin. Glaubst du denn, dass ich ohne die Hoffnung auf einen Lottogewinn ein Leben lang in Halle 4 arbeiten könnte? Glaubst du denn, dass sich die Verkäuferinnen im Lebensmittelladen ohne die Hoffnung auf einen Lottogewinn jeden Tag hinter den Fleischtresen stellen würden, um von morgens bis abends stinkende Fische zu wiegen und übel riechende Därme zu schneiden? Glaubst du, ohne die Hoffnung auf diese Lotto-Millionen könnten die armen Müllmänner jahrelang Mülltonnen leeren?«

In dem Augenblick kommt unser Nachbar Hasan in die Wohnung gestürmt.

»Na, habt ihr auch drei Tage kostenlosen Aufenthalt im Park-Hotel gewonnen? Mit allem Drum und Dran?«

»Ja, haben wir«, hustet Mehmet immer noch.

»Wegen drei Tage Ferien hätte ich fast meinen Sohn verloren«, ergänzt Eminanim, »ich möchte gar nicht wissen, wie viele Familienmitglieder bei einem echten Lottogewinn hätten dran glauben müssen.«

»Woher weißt du überhaupt von unserem Gewinn, Hasan?«, frage ich misstrauisch. »Vielleicht hätte ich diesen linksradikalen Verräter Mehmet doch umbringen sollen!«

»Ich weiß von eurem Gewinn, weil alle ausländischen Bewohner vom Karnickelweg diesen Ferienaufenthalt gewonnen haben.«

»Und von wem kommt der Gewinn?«, frage ich. »Etwa von den deutschen Bewohnern des Karnickelwegs? Damit sie endlich mal drei Tage lang ihre Ruhe haben?«

»Du kennst doch das alte türkische Sprichwort, Osman: Genieße die Trauben und frage nicht nach dem Weinberg!«

»Vater, auf Deutsch übersetzt heißt das: Einem geschenkten Gaul schaut man nicht ins Maul!«, belehrt mich meine oberintegrierte Tochter Zeynep.

Es ist wie in einem Film: ein verspiegelter Ballsaal mit riesigen Kronleuchtern sowie eleganten Tischen und Stühlen. Die Hotelband spielt leise im Hintergrund. Ich fühle mich wie im abendländischen Paradies. Zum richtigen Paradies fehlen hier allerdings die Dattelpalmen, Kamele und Haremsdamen. Von diesem dreißig Meter langen offenen Büffett bin ich besonders begeistert. Man kann überall zugreifen und essen, so viel man will.

»Oh, herrlich, ich werde einen Monat lang nicht kochen müssen«, jubelt Eminanim.

»Wieso einen Monat, wir sind doch nur drei Tage hier?«

»Ich weiß, aber bei den gigantischen Massen, die du dir so unverschämt reinstopfst – so ähnlich wie ein Schiffbrüchiger, den man nach sechs Monaten von einer einsamen Insel gerettet hat –, müsste ein normaler Mensch eigentlich einen ganzen Monat auskommen!«

»Frau, zwei wichtige Dinge sind hier für uns im Park-Hotel kostenlos: das Bett und das Essen! Das Bett kann ich nicht aufessen und ich darf es auch nicht mitnehmen. Also muss ich mich über das Essen hermachen. Was mich aber wirklich stört, ist, dass jeder Bissen von drei Kamerateams aufgenommen wird. Haben diese Kerle eigentlich noch nie Leute essen gesehen?!«

»Leute schon, aber keine schiffbrüchigen Raubtiere! Ich habe mich erkundigt, diese ganzen Ärzte, Psychologen und Sozialarbeiter, die sich ständig um uns kümmern, die arbeiten alle im Auftrag der Regierung. Selbst die Kameraleute gehören dazu!«, trumpft Eminanim auf.

»Woher weißt du denn, dass da auch Psychologen und Sozialarbeiter bei sind?«

»Die Ärzte sind die mit den weißen Kitteln und den Hörgeräten. Die messen immer unseren Blutdruck und pieksen einem ständig in den Arm. Die Psychologen sind diese bärtigen Opas, die mit ihren Tabletten immer in der Nähe von einer Couch rumlungern. Und Sozialarbeiter laufen immer in hässlichen Kordanzügen herum und fühlen sich dauernd irgendwie betroffen.«

»Na endlich! Nach einem halben Jahrhundert hat die Regierung endlich kapiert, wie wichtig wir Ausländer für Deutschland sind, obwohl wir nicht mal indische Computerfreaks sind!«

Ich halte meinen vollen Teller dem Kameramann vor die Nase und rufe stolz ins Mikro:

»Ich esse, also bin ich! Das Ganze habe ich mir verdient! Ich bin auch bereit, eine politische Rede vor laufender Kamera zu halten, wenn Sie mir versprechen, nichts zu schneiden oder zu zensieren!«

»Bitte, bitte, sagen Sie, was Sie wollen! Es wird garantiert nichts herausgeschnitten. Wir sind dankbar für jede Meinungsäußerung. Alle anderen ausländischen Gäste sitzen leider immer schweigsam vor dem Fernseher, lesen Zeitung oder trinken elegant Cognac am offenen Kamin.«

»Osman, er will damit sagen, dass du der einzige Idiot bist, der wegen drei Tagen Sonderurlaub völlig durchdreht!«

»Halte du dich da raus, Frau. Kollege, wir fangen jetzt an. Licht ab, Ton ab, Kamera ab, Äktschen, Osman die Dreiundfünfzigste ... Ich habe dieses unser Land aufgebaut«, rufe ich mit vollem Mund, »natürlich nicht ich ganz alleine, die anderen ausländischen Einwohner vom Karnickelweg haben auch ein bisschen dazu beigetragen. Aber Sie haben sicherlich nicht Unrecht, wenn Sie behaupten, ich hätte die Hauptlast getragen. Nicht nur Schröder, Kohl, Merkel sind Ekel. Nein, auch ich bin ein Ekel ... öh, Enkel!«

»Osman, hör endlich auf zu labern! Niemand hat hier behauptet, dass du keinen Opa hast. Kein Sender dieser Welt wird solchen Schwachsinn jemals senden!«

»Frau, lass mich doch in Ruhe. Dreißig Jahre lang habe ich in Halle 4 nur geschuftet und geschwiegen. Jetzt muss die Wahrheit endlich raus, egal wie unbequem die ist.«

Danach drehe ich mich wieder dem Kameramann zu:

»Wenn Sie auch nur ein einziges Wort meiner Jahrhundertrede rausschneiden, dann wird ganz Deutschland dies bitter bereuen. Dann werde ich dieses Land auf der Stelle für immer verlassen. Genug ist genug, auch meine Geduld hat mal ein Ende. Frau, hol deinem Caesar was zu essen!«

»Halt's Maul, Osman, wir schämen uns schon für dich. Hatice und Mehmet leugnen bereits öffentlich, deine Kinder zu sein.«

»Hallo, Kellner, holt mir mal mein Bett von oben runter. Ich will im Liegen von schönen Frauen mit Weintrauben gefüttert werden. Von da hinten kann ich die Kapelle gar nicht hören, die sollen hierher zu meinem Büffett kommen. Ich will außerdem meine Fußnägel rosa lackiert haben und den Swimmingpool könnt ihr schon mal mit Sekt voll machen.«

Als ich am dritten Tag morgens aufwache, sind alle meine Ärzte, Psychologen, Sozialarbeiter, Musiker, Kellner, Kameraleute und Kosmetikerinnen spurlos verschwunden. Schweigend packen meine Nachbarn ihre Koffer. Ich laufe runter zum Pförtner und will wissen, warum sich die Regierungsleute von uns nicht einmal verabschiedet haben.

»Die drei Tage sind um, die haben alles untersucht, was sie wissen wollten«, sagt er ganz locker.

»Was wollten die denn eigentlich von mir wissen?«, frage ich verzweifelt.

»Die Regierung wollte wissen, was sie mit den Überlebenden von zukünftigen Brandanschlägen anstellen soll, damit im Ausland kein negatives Bild von Deutschland entsteht. In unserem Hotel wurde detailliert untersucht, wie viel Komfort und guten Lebensstil ein einfacher Ausländer erträgt, wenn man ihn nach einem Brandanschlag ein paar Tage lang wie einen zivilisierten Menschen leben lässt.«

Der Mietvertrag

Ich werde Gift und Galle spucken! Meine Rachgier wird keine Grenzen kennen. Ich werde jeden, der sich mir entgegenstellt, moralisch vernichten. Und ihn wie das Böse in Person behandeln. Mich kann kein Betteln, Bitten, Flehen oder Winseln erweichen. Meiner Rache entkommt keiner, ich werde alle meine Gegner zu Staub zermalmen!

Kurz, ich werde all das mit anderen machen, was man mir ein ganzes Leben lang angetan hat: Ich werde Mieter quälen!

Der ewige Student, mein missratener, linksradikaler Sohn Mehmet, ist für sechs Monate ins Ausland gefahren. Ich glaube nach Kuba, Nordkorea oder Mecklenburg-Vorpommern. Auf jeden Fall in ein unterentwickeltes Land ganz weit weg! Wegen seines Studiums oder so, als wenn es nicht schon lange genug dauern würde. Aber in Wirklichkeit hoffe ich, dass er sehr lange weg bleibt, denn in der Zeit kann ich sein Zimmer Gewinn bringend vermieten.

Ich weiß gar nicht, worüber ich mich am meisten freuen soll?! Dass ich diesen Mehmet los bin oder dass ich den Vermieter spielen darf?!

»Eminanim, was meinst du, wie viel Quadratkilometer soll ich für das Zimmer in die Zeitungsanzeige reinschreiben?«

»Osman, das winzige Kinderzimmer kannst du doch bestenfalls als Katzenklo vermieten. Diese Besenkammer hat höchstens acht Quadratmeter.«

»Gut, dann schreibe ich eben ›45 qm‹.«

»Osman, entweder warst du noch nie in Mehmets Zimmer oder du kannst nicht rechnen.«

»Wieso? Die Wände musst du doch mitzählen. Das Zimmer hat doch vier eigene Wände. Vier wunderschöne Wände, alle groß, stabil und gerade, mit jedem Komfort ausgestattet. Und du musst zugeben, diese fünfundvierzig Quadratmeter Wohnung haben nicht nur eine tolle Aussicht, sondern dazu eine bemerkenswert ruhige Lage!«

»Das stimmt! Man kann dich nachts im Nebenzimmer acht Stunden lang ununterbrochen schnarchen hören. Tagsüber kann man aus nur zwei Meter Entfernung beobachten, wie du mit deiner Hose in der Hand alle halbe Stunde aus dem Klo rauskommst. Ich kann mir kaum ein besseres Loch vorstellen, wenn man unbedingt psychisch krank werden will, an Wahnvorstellungen interessiert ist oder dringend einen Grund sucht, um Selbstmord zu begehen.«

»Frau, du hast doch keine Ahnung. In der heutigen Zeit würden sich garantiert noch viel mehr Menschen für die Wohnung melden, wenn ich all das aufführen würde, was du da so respektlos über meine Wohnung erzählst. Aber nein, ich werde trotzdem nur die nackten Tatsachen aufzählen: ›45 qm, ruhige Lage, schöne Aussicht und vier eigene Wände mit allem Komfort‹.«

»Papa, da steht ein Mann in der Tür«, ruft Hatice vom Flur aus, »und fragt nach irgendeiner Wohnung.«

»Siehst du, Eminanim, die Mieter kommen bereits, noch bevor ich die Anzeige aufgegeben habe. Ich habe nämlich gestern im Café jemandem kurz angedeutet, dass ich irgendwann mal eine Wohnung zu vermieten habe. Und schon rennen die mir die Bude ein. Warte, ich komme gleich zurück.«

»Schönen guten Tag, Herr Engin«, grüßt mich der junge Mann höflich.

Ich knalle ihm einfach die Tür vor der Nase zu.

»Eminanim, da bin ich schon wieder.«

»Was war denn mit dem Mann? Will er sich das Zimmer gar nicht anschauen?«

»Ich habe ihn gleich wieder weggeschickt.«

»Ich habe nichts gehört, du hast doch gar nichts gesagt.«

»Das stimmt, ich war sehr höflich zu diesem Mieter. Ich habe keinen Ton gesagt. Ich habe ihn weder beschimpft noch angeschrien. Ich habe ihn nicht mal erniedrigt. Ich habe kein Wort über seine Haarfarbe und seine Aussprache verloren. Aber ich mochte ihn trotzdem nicht.«

»Wieso denn?«

»Der Typ sah irgendwie daneben aus. Der sah aus wie so 'n ... wie so 'n ... wie so 'n typischer Mieter halt.«

»Osman, tu doch nicht so, als wenn du ein Großgrundbesitzer wärest. Du wohnst hier ja auch nur zur Miete.«

»Na gut, aber ich bin Hauptmieter und der wird Untermieter: Der ist ›ganz unten‹, wie es Günter so treffend gesagt hat. Um es für dich noch einfacher zu machen, man könnte es auch damit vergleichen: Man ist Ausländer in der deutschen Gesellschaft, dazu auch noch eine Frau. Na, ist das nicht hart?«

»Wenn man zu allem Übel auch noch mit einem Kerl wie dir verheiratet ist, dann ist es wirklich hart.«

»Papa, da ist schon wieder jemand an der Tür!«, brüllt Hatice wieder durch die ganze Wohnung.

»Fertige ihn doch selber ab, du weißt doch jetzt, wie es geht!«

»Ja, Tür aufmachen, genervt angucken und Tür laut zuknallen!«

Paaaaahht!

»Wie der Vater, so die Tochter«, schimpft Eminanim.

Hatice kommt stolz strahlend ins Wohnzimmer:

»Das ist ein echt tolles Spiel! Man kommt sich dabei einfach oberkanakengeil vor! Papa, darf ich den Nächsten auch anspucken und treten?«

»Sag mal, wie hast du unsere Tochter erzogen?«, schimpfe ich mit Eminanim. »Hatice, mein Kind, du weißt doch, dass du nicht spucken darfst! Aber treten und Treppe-runterschubsen kannst du so viel, wie du willst! Kümmere du dich in der nächsten Zeit um die Besucher, ich schreibe weiter an meiner Anzeige. Die zukünftige Mieterin sollte eine Jungfrau zwischen achtzehn und fünfundzwanzig Jahre alt, allein stehend und gut aussehend sein. Während der Mietzeit darf sie mit keinem Mann ein Verhältnis anfangen, außer mit dem Vermieter.«

»Osman, du Idiot, schreibst du wegen des Zimmers oder soll das eine Kontaktanzeige werden?«

»Frau, das macht man heute so. Du hast ja keine Ahnung, was man als Vermieter so alles verlangen muss. Wenn ich das nicht schreibe, dann wäre die Anzeige völlig unglaubwürdig. Dann würden die armen Mädchen doch denken, der Kerl will uns nur verarschen!«

»Du meinst die armen achtzehn- bis fünfundzwanzigjährigen, gut aussehenden Mädchen?«

»Ja, genau. Die mit den langen, glatten, blonden Haaren und mit der kurvenreichen Oberweite.«

»Osman, du kannst so träumen, wie du willst! In meine Wohnung kommt keine Jungfrau mehr rein. Es sei denn, sie ist bereits älter als achtundsiebzig Jahre!«

Das ist meine lustigste Woche seit langem. Bei Allah, was haben wir nicht alles mit den armen Leuten angestellt! Es hat sich richtig gelohnt, dass ich mich für eine Woche krankschreiben ließ.

Immer wenn ich mal einverstanden bin, ist Hatice dagegen: »Papa, sie hat uns nicht mal Blumen mitgebracht.«

»Das stimmt. Meine Dame, Sie bekommen das Zimmer nicht! Denn Sie zeigen überhaupt keinen Respekt vor Ihrem Vermieter!«

Dann bin ich wieder dagegen:

»Nein, der kommt mir nicht ins Haus, Hatice. Ich vermiete doch nicht an einen einfachen Arbeiter! Wenn er wenigstens als Zweitjob einen Aufsichtsratsposten bei der Deutschen Bank hätte, dann könnten wir darüber reden.«

Aber alle müssen, bevor sie mich überhaupt persönlich sprechen dürfen, ihre Prüfung bestehen. Sie müssen hundert Mal fehlerfrei schreiben: »Ich werde meinen zukünftigen Vermieter lieben, ehren und respektieren. Ich werde ihm niemals widersprechen, so wie seine Frau das immer tut. Ich werde in meiner Wohnung keine Besucher empfangen, nicht feiern, nicht lachen, nicht sprechen, keine Musik- oder Fernsehgeräte anmachen. Ich werde meine Miete zwölf Monate im Voraus bezahlen. Außerdem werde ich die Schulaufgaben für die Kinder meines Vermieters erledigen, sowie jeden Tag für seine Ehefrau im Supermarkt einkaufen gehen. Ich werde jeden Abend mindestens fünf Mal aufs Dach klettern, um die Satellitenschüssel meines ehrenvollen Vermieters in die gewünschte Richtung zu drehen.«

Alle männlichen Bewerber habe ich natürlich gleich rausgeschmissen. Und die Frauen wurden von Eminanim verscheucht. Und Hatice mochte die Zwitter nicht. Aber heute Morgen lassen wir uns dann doch endlich breitschlagen.

Ein Mann steht vor der Tür. Er ist zusammen mit seiner kleinen Tochter gekommen. Alle seine schriftlichen Aufgaben hat er bestens erledigt. Hatice will unbedingt, dass die beiden bei uns wohnen, damit sie endlich eine Spielkameradin hat. Um ganz sicher zu gehen, frage ich den Mann:

»Sind Sie verheiratet? Haben Sie noch mehr Kinder?«

Aber mit tief trauriger Stimme und gequältem Gesichtsausdruck murmelt er:

»Meine liebe Frau und meine restlichen sechs Kinder befinden sich alle auf dem Friedhof!«

Eminanim fängt daraufhin automatisch an zu heulen. Wir unterschreiben sofort den Mietvertrag und sind alle glücklich und zufrieden.

Ja, glücklich und zufrieden, bis wir eine Viertelstunde später eine laut kreischende Frau inmitten einer Horde von mindestens hundert Kindern durch unser Schlafzimmer trampeln sehen. »Was ist denn jetzt los? Wo kommen die ganzen Leute her? Wer ist diese Frau? Wer hat diese ganzen Blagen hier reingelassen?«, schreie ich meinen Untermieter an.

»Regen Sie sich doch nicht künstlich auf, Herr Engin«, meint mein Untermieter ganz lässig. »Das ist halt meine Familie. Da drüben ist meine Frau und das sind meine sieben Kinder. Sie werden verstehen, es wird sich nicht ganz vermeiden lassen, dass wir Ihr Wohnzimmer, die Küche und natürlich auch das Schlafzimmer intensiv mitbenutzen müssen.«

»Aber Sie haben doch gesagt, dass Ihre Frau und sechs von Ihren Kindern bereits tot sind!«

»Ich habe nicht tot gesagt. Ich habe gesagt, sie sind alle auf dem Friedhof. Sie waren auch auf dem Friedhof um die Ecke. Und dort haben sie auf den Parkbänken versucht, sich von den Strapazen der Wohnungssuche zu erholen. Übrigens wollte ich Sie zur Einweihungsparty meiner neuen Wohnung einladen. Alle meine Verwandten und Freunde kommen auch. Mein Schwager mit seinen zehn Kindern und den vier Schäferhunden natürlich auch!«

Osmans Gastfreundschaft

»Ausgeraubt, ja, du hast richtig gehört, Abuzettin. In den letzten drei Wochen hat man unseren Keller gleich mehrere Male ausgeraubt!«

»Aber das gibt's doch nicht, Osman. Welcher Idiot lässt sich denn schon zweimal hintereinander ausrauben? Ich meine, welcher Idiot raubt das gleiche Haus zweimal aus?«

»Zur ersten Frage: Ich habe versucht es zu verhindern, aber es hat nicht geklappt. Zur zweiten Frage: Dieser Herr Norbert klaut immer bei uns im Keller, weil er im Nachbarhaus wohnt und zu faul ist, ein Haus weiter zu gehen.«

»Waaas? Du kennst den Gangster auch noch persönlich?«, ist Abuzettin überrascht. Er ist nach zehn Jahren endlich mal wieder aus Stuttgart gekommen, um mich zu besuchen. Unsere Eltern stammen beide aus dem gleichen Dorf im Kaukasus, das verbindet.

»Na klar kenne ich den Typen. Aber ohne Beweise kann ich überhaupt nichts machen.«

»Ja, und was sagt die Polizei dazu?!«

»Die sagen, ich soll Wache halten, um den Dieb auf frischer Tat zu erwischen. Wenn der Einbrecher bewaffnet sein sollte, dann habe ich das Recht, mich zu verteidigen. Bei ihrem Personalmangel können die unmöglich einen Beamten wochenlang bei uns einquartieren.«

»Ja, aber wenn du oder der Räuber dabei draufgehen?!«

»Das habe ich denen auch gesagt. Die meinten, wenn ich draufginge, hätte sich das Problem für mich ohnehin erledigt, und wenn der Dieb draufginge, dann käme ich, weil es ja schließlich Notwehr war, bei guter Führung nach ein paar Jahren aus dem Knast wieder raus. Hier, Abuzettin, du kannst es dir ja selbst angucken, in diesem Ordner sind alle Anzeigenprotokolle drin, die ich in den letzten Wochen aufgegeben habe.«

»Kein Problem, Osman, heute Nacht werden wir den Kellerdieb bestimmt fassen. Und wenn wir bis morgen früh Wache halten müssen.«

»Aber das kann ich dir doch nicht antun, Abuzettin, Sohn des Milchbruders meines Vaters. Wenn du mich nach all den Jahren einmal besuchen kommst, kann ich dich doch nicht im Keller übernachten lassen. Es ist meine heilige Pflicht als Gastgeber, dass es dir hier in Bremen besonders gut geht. Außerdem bringt es nicht viel. Ich habe schon ein paarmal ganz alleine mit den Ratten bis fünf Uhr morgens im Keller gesessen und nichts ist passiert. Ich bin dann ins Bett gegangen und mittags weckte mich meine Frau mit den Worten: ›Wach auf, unser Freund Zorro war wieder da! Zwei neue Winterreifen fehlen!‹«

»Ja, und was machst du dann?«

»Dann kaufe ich für meinen Ford-Transit zwei neue Winterreifen.«

»Aber vielleicht waren auch nur die Ratten schuld.«

»Wie viele Ratten kennst du, die mitten im Sommer Winterreifen für ihr Auto brauchen?!«

»Du hast Recht! Was hat er denn noch alles geklaut?«

»Eine Bohrmaschine, den tragbaren Fernseher, zwei Fahrräder, den Wäschetrockner, zwölf Kisten Mineralwasser, die Gästematratze, drei Wandteppiche, einen Wäschekorb mit dreckiger Unterwäsche von mir und die komplette Playboy-Sammlung der Jahrgänge 1965 bis 1972. Und bei jedem Einbruch hat der auch noch versucht, die Waschmaschine zu klauen, aber er ist mit dem schweren Ding nie weiter gekommen als bis in den Hausflur.«

Ich gehe mit meinem Gast in den Keller und wir stellen mehrere Fallen auf. Mit einem langen Seil binden wir eine große Glasschüssel an der Türklinke fest. Wenn der Dieb die Tür aufmacht, muss die Schüssel herunterfallen und mit großem Lärm auf dem Betonboden zerschellen. Außerdem stellen wir im Kellerflur ein Dutzend volle Plastikeimer mit Wasser auf, so dass der Einbrecher im Dunkeln darüber stolpern muss.

Kurz vor Mitternacht machen wir das Licht aus. Wir hocken uns in eine Ecke und warten auf den Eindringling.

»Abuzettin, weißt du, was mich am Anfang richtig geärgert hat? Dass die Polizisten behauptet haben, ich würde mich selber ausrauben, um die Versicherung zu betrügen.«

»Und hast du sie vom Gegenteil überzeugen können?«

»Mensch, Abuzettin, ich bin doch gar nicht versichert!«

Spät in der Nacht, später als die Ratten, schlafen wir auf dem Betonboden ein.

Mit einem großen Knall und einer kalten Dusche werden wir schlagartig aus unseren Träumen gerissen. Der Dieb hat die große Glasschüssel zerdeppert und gleich mehrere Wassereimer in unsere Richtung umgekippt. Heldenhaft stürzt sich mein Gast auf den Dieb.

»Du, Osman, der Kerl ist ja völlig dicht! Der kann doch nicht mal alleine stehen. Wie hat er überhaupt die schwere Waschmaschine jemals bewegen können?«

»Darf ich euch bekannt machen, mein Gast aus Stuttgart, Herr Abuzettin, und mein Dieb aus dem Nachbarhaus, Herr Norbert Carstens. Du hast Recht, Abuzettin, der ist voll! Der Herr Norbert ist nämlich ein bisschen Junkie! Ich sehe ja ein, Herr Norbert, dass Sie klauen müssen, aber warum gehen Sie nicht mal ein Haus weiter?!«

Ich weiß aber nicht, ob wir ihn trotzdem geschnappt hätten, wenn er nicht versucht hätte, mit dem alten, ausrangierten Trimm-Rad meiner Frau wegzufahren.

Meine Frau Eminanim, die drei Etagen höher den Knall gehört hat, ruft durchs Treppenhaus:

»Ich habe schon die Polizei angerufen, Osman. Aber die sagen, sie können niemanden schicken. Ihr müsst den Dieb selbst zur Wache bringen.«

So fahren wir alle drei mit Abuzettins Wagen zum Polizeihaus. Ich muss noch eine Jacke opfern, damit Herr Norbert nicht die ganze Rückbank voll kotzt. Kaum sind wir auf der Wache, springen zwei Polizisten von ihren Schaukelstühlen hoch und legen Abuzettin sofort Handschellen an.

»Abführen!«, brüllt ein dritter hinterm Tresen.

»Osman, erzähl denen, dass ich nur dein Gast bin«, fleht Abuzettin mich an, während er mit nach hinten geketteten Armen in die Zelle abgeführt wird.

»Lass den Kopf nicht hängen. Gerechtigkeit wird siegen«, schreie ich hinter Abuzettin her, in Richtung der Eisentüren.

»Ey, Leute, ey, macht doch keinen Quatsch, ey! Ich bin der Einbrecher! Ihr kennt mich doch!«, hilft mir Herr Norbert, die peinliche Situation aufzuklären.

Erst als Herr Norbert schriftlich darauf besteht, dass nur er der Einbrecher ist, und zum Beweis die Adresse des Second-Hand-Ladens nennt, an den er meinen geklauten Fernseher verkauft hat, wird Abuzettin unter strengen Auflagen freigelassen. Von ihm werden Polizeifotos gemacht und Fingerabdrücke genommen. Er darf Bremen vorläufig nicht mehr verlassen und muss sich dreimal täglich bei der Wache melden. Nachdem ich für meinen Gast gebürgt habe, sind die Polizisten damit einverstanden, dass wir gleich zu dem Laden hinfahren und nachschauen, ob mein Fernseher noch da ist.

»Du, entschuldige bitte die Unannehmlichkeiten heute Nacht«, sage ich im Auto zu Abuzettin. »Tut mir echt Leid, was du so alles mitmachen musst!«

»Naja, zum Glück ist der Fall ja jetzt aufgeklärt«, antwortet er, während er zähneknirschend die Handgelenke reibt.

Abuzettin findet einen Parkplatz vor einer Kneipe gleich neben dem fraglichen Second-Hand-Laden. Als ich endlich meinen Fernseher im beleuchteten Schaufenster entdecke, sind die ganze Mühe und der Ärger der heutigen Nacht wie weggeblasen. Dann bemerke ich, dass das ganze Schaufenster ausschließlich mit meinen Sachen dekoriert worden ist. Wenigstens die Unterwäsche hätten sie vorher waschen können.

Plötzlich geht die Ladentür auf und zwei Männer schleppen einen großen, schweren Geldschrank heraus.

»Oh, gut, dass ich Sie hier treffe«, sage ich zu den Ladenbesitzern, während Abuzettin ihnen zu Hilfe eilt. »Können Sie mir bitte meine Sachen aus dem Fenster wiedergeben?! Die sind alle geklaut.«

»Da müssen Sie morgen früh um neun wiederkommen. Nachts kann ich Ihnen nichts verkaufen. Es ist nicht erlaubt«, ächzt der Boss, während er mit schwarzen Handschuhen den Geldschrank auf die Ladefläche seines Lkws stemmt.

Als die beiden Männer dann eingestiegen sind, ruft sein Beifahrer mir noch zu:

»Du, Kumpel, wir haben vergessen, die Ladentür abzuschließen.«

Um bei den beiden Geschäftsinhabern einen guten Eindruck zu hinterlassen, schließt Abuzettin die Tür sorgfältig zu. Im gleichen Moment heult die Alarmanlage los. Wegen des Höllenlärms stürzen ein Dutzend Leute aus der Kneipe heraus, vor der unser Wagen steht, und schauen uns eigenartig an.

Ich hebe die Arme hoch und rufe:

»Wir waren das nicht! Wir haben nichts gemacht! Die beiden sind auch schon längst weg!« Bevor die aufgebrachte Menge uns lynchen kann, springen wir in den Wagen und jagen mit quietschenden Reifen davon.

Um dem unglückseligen Tag endgültig ein Ende zu bereiten, legen wir uns bei Sonnenaufgang endlich ins Bett.

Keine zwei Stunden später werden wir von den Beamten des Sondereinsatz-Kommandos brutal geweckt. Der sich verzweifelt wehrende Abuzettin wird im Schlafanzug und Handschellen von vier Polizisten abgeführt.

»Herr Engin, Ihr Gast ist festgenommen worden, wegen schweren Diebstahls und Drogenhandels sowie Körperverletzung und Menschenraubs. Herr Norbert Carstens hat, als er wieder nüchtern war, seine ursprüngliche Aussage zurückgezogen und Strafanzeige erstattet!«, klärt mich der Einsatzleiter auf.

»Aber das kann doch nicht sein! Abuzettin ist der ehrlichste Mensch, den ich kenne!«

»Bemühen Sie sich nicht, Herr Engin! Wir haben genug Beweise! Seine Fingerabdrücke haben wir auf dem geknackten Tresor von heute Nacht gefunden. Und in seinem Fluchtwagen waren drei Päckchen Heroin versteckt!«

»Aber das kann ich doch alles erklären. Bei der Tresorgeschichte wollte mein Gast nur tragen helfen. Und das Heroin stammt garantiert vom Herrn Norbert, dem Junkie!«

»Ach, hören Sie doch auf, Herr Engin. Ich kenne keinen Haftrichter, der Ihnen einen solchen Quatsch abkauft!«

»Abuzettin, mach dir keine Sorgen. Es wird sich alles aufklären!«, tröste ich den Häftling, meinen ehemaligen Gast. »Ich verspreche dir, ich werde dich jedes Silvester und jeden Ramadan im Knast besuchen. Was sind schon zwanzig Jahre?!«

Allein im Wochenendhaus

Ich habe alles satt: die langweilige Arbeit, die ekelhafte Kälte, die lästigen Nachbarn, die aufdringlichen Freunde, die Hektik der Großstadt und die Besuche meiner keifenden Schwiegermutter!

Von alledem will ich nichts mehr wissen, wenigstens zwei Tage lang. Ich habe uns eine große, komfortable Ferienwohnung gemietet. Ein Wochenendhaus, ganz idyllisch gelegen an einem Waldsee in Schleswig-Holstein. Zwar nur für ein Wochenende, aber immerhin.

Meine Frau Eminanim konnte ich leider nicht abschütteln, die muss ich schon mitnehmen. Aber zum Glück haben wir jeder unser eigenes Zimmer.

Während wir beim Einpacken sind, ruft Hasan, mein Arbeitskollege an:

»Na, Osman, ich habe gehört, du hast eine Ferienwohnung gemietet?«

»Ja, Hasan, wir fahren auch sofort los!«

»Schade, eigentlich wollten meine Frau und ich euch heute Abend besuchen.«

»Das ist eine prima Idee, Hasan. Wir erwarten euch dann nächstes Wochenende«, sage ich und lege blitzschnell den Hörer auf.

»Aber Osman, wie kannst du denn so unhöflich sein«, schimpft Eminanim, »die Leute wollen uns besuchen und du wimmelst sie einfach ab.«

»Aber Frau, wenn ich mir auch nur einen Hauch von Zweifel hätte anmerken lassen, dann hätte er sofort vorgeschlagen, uns im Wochenendhaus zu besuchen. Und wie ich den Schmarotzer kenne, hatte dieser Gauner das auch vor.«

Es klingelt an der Tür, mit dem Koffer in der Hand mache ich auf.

»Ich habe gehört, ihr macht Kurzurlaub in einer großen Ferienwohnung. So ganz alleine, stimmt das?«, fragt Ayse, unsere Nachbarin.

»Ja«, sagt Eminanim.

»Eine große Ferienwohnung, ganz für euch beide alleine?«

»So groß ist die auch nicht«, rufe ich, »es ist nur eine winzige, kleine Waldhütte, mehr nicht. Es soll dort oben sehr windig und kalt sein. Und die Baracke ist auch noch sehr schwer zu erreichen. Das gammelige Ding war halt das Billigste, was ich kriegen konnte.«

Kaum ist Ayse weg, schimpft Eminanim schon wieder mit mir: »Osman, du weißt doch, diese Frau ist höchst sensibel. Und du bist so grob mit ihr umgegangen, da fehlte nur noch der Tritt in den Hintern. Du hast gerade so getan, als wenn sie sich mit Kind und Kegel aufdrängen wollte!«

Und schon wieder klingelt das Telefon.

»Hier ist der Anrufbeantworter von Osman Engin. Wir sind für sechs Monate weg. Als Wahlbeobachter der UNO nach Tansania. Bitte hinterlassen Sie eine kurze Nachricht. Ich rufe zurück, sobald wir wieder da sind«, sage ich, »bitte sprechen Sie jetzt, biiieeep!«

»Hallo, Osman, hier ist Ahmet. Schön, dass ich dich noch erwische. Ich rufe an wegen dieser Ferienwoh . . .«

»Ihre Sprechzeit ist leider vorbei, und tschüss!« Klack!!!

»Also wirklich, Osman, du bist so ein Egoist, durch und durch! Alle unsere Freunde stößt du vor den Kopf, nur damit es dir gut geht.« Diese Frau kennt mich wirklich viel zu gut! Ich sollte sie unbedingt bald mal auswechseln.

»Aber das stimmt doch gar nicht«, sage ich, »ich will doch nur ein romantisches Wochenende mit dir allein. Aber natürlich jeder in seinem eigenen Zimmer.«

Fröhlich pfeifend fahre ich über die winterlich verschneite Autobahn Richtung Norden. Nach zwei Stunden sind wir auf einer einsamen Landstraße.

»Osman, du hast aber gute Laune.«

»Aber klar, Eminanim. Das ist doch unser erster Winterurlaub mitten im Wald. Keine Menschen, kein Lärm, ganz allein in der puren Natur.«

Kurz darauf biege ich in einen kleinen Waldweg ein. Um uns herum nur noch riesige hohe Bäume.

»Osman, frag doch mal den hässlichen, alten Mann dort hinten am Ende des Weges. Der kennt sich bestimmt hier aus.«

Voller Energie und Elan springe ich wie ein junger Hüpfer von achtzehn Jahren aus dem Wagen und rufe:

»Guten Tag, entschuldigen Sie, wissen Sie . . .«

»Da seid ihr ja endlich! Kommt mit dem Auto hierher, Kinder, hierheeer!«, entpuppt sich der alte Mann als meine heiß geliebte Schwiegermutter aus Hamburg. Wie hatte ich gehofft, diese Stimme wenigstens achtundvierzig Stunden nicht zu hören. Die Frau steht mitten im Wald und ruft weiter:

»Hier drüben ist unsere Ferienwohnung. Schönes Haus hast du für uns gemietet, Osman. Los, kommt schon rüber, Kinder!«

Ich setze mich wieder ans Steuer, als ein gebrochener, verstörter, alter Mann von mindestens zweihundertzweiundfünfzig Jahren.

»Ich schwör's, Osman, ich habe nichts verraten«, stottert Eminanim kreidebleich und flüchtet aus dem Auto. Ich fahre den Wagen neben das Haus und bin plötzlich dem Durchdrehen nahe. Die zwei kleinen Kinder von Nurettin kommen um die Ecke gerannt:

»Hallo, Onkel Osman! Hallo, Tante Eminanim!«

»Osman, lass den Unsinn, hör auf, die Kinder zu würgen«, sagt meine Frau, »die können nichts dafür!«

»Der Nurettin hat mit seiner Familie seine Tante Fatima in Hamburg besucht. Und ich war zufällig auch da«, erzählt mir meine Schwiegermutter freudestrahlend. »Er hat in Bremen Bekannte angerufen und so erfahren, dass ihr für dieses Wochenende eine Ferienwohnung in der Nähe von Hamburg gemietet habt.«

»Dann haben wir bei euch zu Hause angerufen«, erzählt Nurettin weiter, »und dein Sohn Mehmet hat uns diese Adresse genannt. Na, ist das nicht toll? Wir alle zusammen, ein ganzes Wochenende!«

Also Mehmet ist der Verräter! Ich bring den um, wenn ich nach Hause komme!

»Los, kommt schon rein. Steht nicht rum wie angewurzelt«, ruft meine Schwiegermutter, »wir haben den Schlüssel für das niedliche Häuschen schon vom Nachbarn besorgt.«

»Eminanim, damit du klar siehst, die werden alle in deinem Zimmer übernachten. Das ist deine Verwandtschaft«, flüstere ich meiner Frau ins Ohr. »Wenigstens nachts will ich meine Ruhe haben.«

Dooott, doooott, dooooottt!!!

Oh Allah, nimm mein Leben! Jetzt! Sofort! Auf der Stelle! Mein Arbeitskollege Hasan von Halle 4 ist da! Mit seinem VW-Bus und der ganzen Familie.

»Hallo, Osman, gut, dich zu sehen. Tolle Wohnung hast du gemietet. Nächsten Samstag haben wie leider keine Zeit, deshalb besuchen wir euch heute hier draußen. Schau mal: Wir haben auch deinen Sohn Recep und seine Frau mitgebracht. Die hatten dieses Wochenende auch nichts vor. Unsere Kinder sind zu der Party auch mitgekommen: Zum Glück hat meine Schwägerin, die auf unsere Kinder aufpasst, Zeit gehabt. Sie hat ihre eigenen vier Kinder natürlich auch mitgebracht.«

»Osman, die passen nicht mehr in die Wohnung, geschweige denn in mein Zimmer«, bemerkt Eminanim ganz leise.

»Wir haben übrigens auch noch eine zwölfköpfige japanische Reisegruppe zu Gast«, freut sich meine Schwiegermutter, »die haben einen Wasserrohrbruch in ihrem Hotel. Da habe ich sie halt eingeladen. Kommt rein, Kinder, ich mache euch mit den Japanern bekannt. Die sehen alle aus wie Chinesen.«

»Also gut, ich bring mich mal kurz um«, rufe ich und laufe durch die hohen Bäume zu dem Waldsee hinunter. Kopfüber springe ich in das tiefe, kalte Wasser, um wenigstens im Jenseits meine Ruhe zu haben. Mit dem Gesicht krache ich voll gegen das dicke Eis. Ich habe eine mittelschwere Gehirnerschütterung und ein gebrochenes Nasenbein. Aber lebe leider immer noch! Der ganze See ist eingefroren. Ich stampfe wie ein Wilder auf dem Eis herum, aber es bekommt nicht mal einen kleinen Kratzer.

»Onkel Osman, du läufst ja wie 'n Idi!«, ruft Ayses kleine Tochter und kommt mit einer doppelten Pirouette neben mir zum Stehen. »Soll ich dir zeigen, wie man richtig Schlittschuh läuft?«

Die Nachbarn sind also auch schon da! Ein schreckliches Gejaule lässt meine gebrochenen Ohren und die gefrorene Nase fürchterlich schmerzen.

»Was ist denn das?«, frage ich zu Tode erschrocken.

»Das ist meine große Schwester mit ihrer Folklore-Tanzgruppe«, klärt mich die kleine Eiskunstläuferin auf, »die bereiten sich in der Abgeschiedenheit eurer Waldhütte auf ihren nächsten Auftritt vor.«

Ich laufe wie ein Irrer wieder zurück auf die Hauptstraße und werfe mich vor die Räder des ersten Wagens.

Der Fahrer des Riesenbusses macht eine Vollbremsung und ruft:

»Nett von dir, Vater, dass du uns bis zur Hauptstraße entgegenläufst. Ich hatte schon Angst, wir finden euch nicht. Ich beziehe hier gerade mit meiner Theken-Fußballmannschaft unser Wintertrainingslager. Wir wollen euch aber nicht zur Last fallen. Ein Zimmer reicht uns. Das andere könnt ihr ganz alleine für euch haben.«

Hinter den beschlagenen Scheiben des großen Reisebusses winken mir mindestens zwanzig Bierdosen entgegen.

»Ist die gegnerische Mannschaft nicht mitgekommen?«

»Die kommen morgen. Aber mach dir keine Sorgen, die bleiben nur eine Nacht.«

BSE in Tomatensoße

»Nein, Vater, das Zeug esse ich nicht«, ruft mein linksradikaler Sohn Mehmet und weigert sich, meine schönen Frikadellen auch nur anzugucken. »Ich sehe förmlich Tausende BSE-Viren darauf rumtanzen!«

»Mehmet, du Spinner! Stell dich doch nicht so an! Du bist ja schlimmer als ein hysterisches Weib! Weißt du eigentlich, wie viel ich für das halbe Rind bezahlen musste?! Rinder essen darf man, nur Schweinefleisch soll man nicht essen! So steht es jedenfalls im Koran geschrieben.«

»Der Prophet Mohammed konnte doch vor tausend Jahren nicht wissen, dass die Engländer ihre Rinder mit vergiftetem Viehfutter verseuchen. Wahrscheinlich wusste er nicht mal was von den Engländern!«

»Mehmet, mein Sohn, das ist doch alles Kinderkram. Seit fünfzig Jahren esse ich jeden Tag entweder angebrannte Bohnen oder verkohlte Köftes. Kannst du irgendeine Veränderung bei mir feststellen?!«

»Das ist doch kein Argument! Du bist ein Sonderfall. Bei dir wäre der Unterschied überhaupt nicht feststellbar.«

»Endlich siehst du es ein, Mehmet. Ich war schon immer dagegen, dass man tote Tiere isst«, mischt sich meine älteste Tochter Nermin ein. »Aber du hast doch nur Angst um deine Gesundheit! Du solltest dir viel mehr Gedanken um die armen Tiere machen. Ich habe erst letzte Woche einen Film gesehen, wie Pferde beim Transport zerquetscht werden, und Kühen wurden beim Heben mit dem Kran die Beine abgerissen.«

»Du hast hier sowieso nichts zu sagen«, wird sie von Mehmet gestoppt, »das weiß doch jeder, dass du nicht normal bist. Du magst ja auch keine Männer!«

»Die Tiere werden ja ohnehin getötet, wir können doch keine lebenden Köftes essen«, versuche ich Nermin zu beschwichtigen.

»Das zeigt doch nur, wie vernünftig und intelligent ich bin. Ich mag weder tote Tiere noch brutale Männer!«

»Hört endlich mit dem Streiten auf«, schimpfe ich, »wir wollen doch nicht, dass das Essen kalt wird. Eure Mutter hat sich solche Mühe damit gegeben. Und Mehmet, lass du deine Schwester in Ruhe. Sie wird bestimmt wieder vernünftig, wenn sie die Pubertät hinter sich hat und den Onkelsohn Hüsnü heiratet. Ich will nicht, dass ihr solche Wörter in den Mund nehmt!«

»Von mir aus, aber dieses BSE-Fleisch nehme ich auch nicht in den Mund«, protestiert unser Betonkommunist.

»Mehmet, jetzt hör mal zu, du brauchst dir keine Sorgen zu machen. Ich habe da so viel Knoblauch reingehauen, das hat garantiert keine Bakterie überlebt«, versucht Eminanim ihr Essen zu verteidigen.

»Das ist mir egal, Mutter, ich ess das Zeug nicht! Diese Viren kannst du mit deinem Knoblauch nicht umbringen.«

»Unsere Köftes sind hundertprozentig ungefährlich«, rufe ich stolz in die Runde, »denn dieses Fleisch hier habe ich eigenhändig dreimal hintereinander durch den Fleischwolf gejagt!«

»Die ganze Massentierhaltung muss abgeschafft werden«, fährt Nermin mit ihrem Vortrag fort, »ganze Regenwälder werden für diese Tierquälerei abgeholzt!«

»Ist doch gut! Was willst du denn? Dadurch regnet es hier hoffentlich etwas weniger«, macht sich Mehmet lustig.

»Mit jedem Hamburger fresst ihr gleich sechs Quadratmeter Urwald mit!«

»Urwald schmeckt mir nicht so.«

»Damit ein Rind auch nur ein Pfund zunimmt, braucht es neun Pfund Futter. Die Hälfte der Getreideernte der ganzen

Welt geht für Rinder drauf. Damit könnte man die gesamte Dritte Welt ernähren. Und das Ganze ist ein reines Männerproblem, möchte ich noch hinzufügen!«

»Wieso das denn?«, protestiert Mehmet. »Nur weil du noch nie eine Frau gesehen hast, die im Schlachthof arbeitet?!«

»Du Chauvi!«

»Nermin, dein Öko-Quatsch interessiert uns nicht«, stöhnt Mehmet, »schlimm genug, dass du andersrum bist, aber fang jetzt nicht auch noch an, die feministische Vegetarierin zu spielen! Ich habe einfach keine Lust, BSE zu kauen! Das ist alles, was ich will!«

»Du Ignorant! Und so was will ein Linker sein?! Glaubst du, um links zu sein, reicht es schon, wenn man nach dem Flugblätterverteilen in den Ford-Transit von links einsteigt?!«

»Sag mal, Eminanim, was haben wir bloß falsch gemacht?«, frage ich genervt meine schlechtere Hälfte, »warum reden die beiden nicht wie normale Kinder über Fußball, Fernsehen oder Drogen?!«

»Ist mir egal«, sagt Eminanim auch noch trotzig, »mir reicht es schon, dass du den ganzen Tag von nichts anderem als Fußball redest!«

Ich merke schon, auch heute habe ich von der zweitgrößten Nervensäge des Mittleren Orients keinerlei Beistand zu erwarten. »Hier wird nicht diskutiert! Hier wird gegessen, was auf den Tisch kommt!«, rufe ich laut.

»Aber nicht gebratene BSEs in Tomatensoße!«, brüllt Mehmet noch lauter.

»Weißt du was, Mehmet, ich wünsche, dass die ganzen SFBs, DSFs, UKWs oder wie die Viecher sonst noch heißen, alle auf deinem Teller sind!«

»Und die AKWs auch«, ruft Nermin.

»Vater, Rinderwahnsinn ist doch keine Satellitenschüssel!

Ich würde diese Frikadellen nicht mal anfassen, wenn da MTV drin wäre.«

»Aber wir haben das halbe Rind doch bei unserem eigenen Bauern, dem Herrn Yobaz, gekauft«, versucht Eminanim zu argumentieren.

»Genau! Ich habe das Tier selber ausgesucht! Das war ein Prachtbulle, der hat nicht mal gehustet. Der Herr Yobaz hat den mit seinem Sohn geschlachtet und in Teile zerlegt. Und deine Mutter hat es sofort in die Tiefkühltruhe gesteckt.«

»Das ist doch keine Garantie! Bei seinem Namen erst! Vielleicht hat er das Vieh ja aus England importiert.«

»Das ist doch Unsinn, Mehmet. Herr Yobaz hätte garantiert gemerkt, wenn man ihm Tiere aus England unterjubeln will. So viel Englisch kann er.«

»Wie soll er das denn merken?! Im Gegensatz zu Asylbewerbern dürfen BSE-Rinder über sichere Drittstaaten ganz offiziell nach Deutschland einreisen. Und die kommen auch nicht sofort in Abschiebehaft!«

Ich glotz TV

Ich sehe keine Möglichkeit mehr, das Problem zu verdrängen! Der Familienrat muss zusammengetrommelt werden. So kann es nicht weitergehen. Die Kiste zerstört noch unser gesamtes Familienleben. Ich hasse diesen Fernseher!

Eine Studie besagt, dass die Deutschen jeden Tag drei Stunden in die Glotze starren. Und die Leute in der Türkei stellen fast einen Weltrekord auf: fünf Stunden pro Tag! Auch wenn es im Bereich Demokratie und Menschenrechte in der Türkei noch ein bisschen zu sehr holpert, um jemals in die EU aufgenommen zu werden – beim TV-Gaffen haben sie die Europäer längst überholt. Das allein müsste schon Grund genug sein, ihnen sofort den Ehrenvorsitz zu geben.

Aber wie lange sitzen eigentlich die Deutschtürken vor der Glotze?! Fünf minus drei? Oder fünf plus drei?

Nein, fünf mal drei! Das schaffen jedenfalls meine Kinder! Da sie ja ein paar Stunden in der Schule schlafen müssen, schaffen sie nur fünfzehn Stunden. Ab und zu hängen sie auch sechsunddreißig Stunden am Stück vor der Kiste. Aber das ist zum Glück eher die Ausnahme. Höchstens mal am Wochenende und manchmal montags, dienstags, mittwochs, donnerstags und freitags.

Alle Sendungen, die sie durch Schlafen verpassen, werden auf Video aufgezeichnet. Meine Töchter hoffen darauf, dass die Wissenschaftler bald das Schlaf-Gen knacken, damit sie keine Zeit mehr mit Schlafen vergeuden. Dieses »Nicht-schlafen-Wollen« überkommt sie immer nachts! Morgens ist hingegen »Nicht-aufstehen-Wollen« angesagt.

»Fünfzehn Stunden an einem Stück sind doch ein Klacks!«, sagt meine pubertierende Tochter Zeynep. »Wenn ich meine Depri-Phase oder mehr als einen Pickel habe, dann läuft die Kiste Tag und Nacht!« Und die ganze Familie leistet ihr Gesellschaft! Die Schulnoten der Kinder werden immer schlimmer. Bei Mehmet, dem ewigen Studenten, ist es mir egal. Ich glaube nicht, dass Mehmet bis zu Ende studiert. Ich bin mir inzwischen nicht mal mehr sicher, ob er überhaupt studiert!

Dazu kommt noch, dass Eminanim in den letzten Monaten immer öfter die Bohnensuppe anbrennen lässt, da sie unmöglich auf ein paar Sekunden ihrer heiß geliebten Seifenopern verzichten kann.

Ich wurde auch schon einige Male vom Meister abgemahnt. Aber das ist ja schließlich völlig normal, dass man ab und zu vergisst, zur Arbeit zu gehen.

Bis hierher habe ich nur über den angenehmen Teil des Problems berichtet. So geht's aber nicht weiter!

Heute werde ich mit der Familie reden. Wir müssen aus dem Gefangenenlager von Super-RTL ausbrechen!

Als wir wenig später, ungefähr nach neun Stunden, in der Morgendämmerung ins Bett gehen, fragt mich meine Frau mit geröteten Augen:

»Osman, wolltest du gestern Abend nicht mit uns allen etwas besprechen?«

Nach kurzer Überlegung gähne ich:

»Nö, was denn?«

»Ich habe so ein Gefühl, als wenn du irgendetwas erwähnt hättest.«

»Du hast Recht, Eminanim. Jetzt fällt es mit wieder ein. Den Jan-Claude van Damme fand ich in seinen älteren Filmen eigentlich wesentlich besser als in dem neuen Streifen, den wir eben auf Premiere gesehen haben.«

»Stimmt doch gar nicht«, mischt sich munter meine sechsjährige Tochter Hatice ein. »Für meinen Geschmack hat Jan-Claude van Damme jetzt mehr Charisma und Ausstrahlung.«

»Sei ruhig, du kleine Rotznase! Du müsstest schon längst schlafen! Kleine Kinder wie du müssen spätestens um fünf Uhr morgens im Bett sein!«, schnarche ich mehr als dass ich schimpfe.

»Und ich habe doch Recht«, quietscht Hatice quicklebendig.

»Kommt, ich beweise es euch. Wir schauen uns jetzt drei seiner älteren Filme an!«

Was bleibt Eminanim und mir schon anderes übrig, als Hatice wieder aufs Sofa zu folgen.

Am nächsten Abend nutze ich die kleine Klopause aus, um schnell meinen Arbeitskollegen Zafer und seine Frau Selma anzurufen. Ich bitte sie dringend, uns bei unserem Fernsehproblem zu unterstützen. Das sind sehr gute Freunde unserer Familie und schon am Wochenende besuchen sie uns mit ihren drei Kindern. Gleich nach der Begrüßung überreicht mir Zafer eine Aldi- und eine Schlecker-Tüte mit zahllosen Videofilmen.

»Wenn es Probleme mit der Schüssel, dem Decoder, dem Kabel oder der Antenne gibt, dann musst du dir sofort Videofilme ausleihen, Osman«, lautet sein Rat. »Ich hole mir immer zwölf Stück auf einen Schlag. Denn bei einem Dutzend gibt es drei Prozent Rabatt! Deswegen habe ich gleich zwei Dutzend mitgebracht. Das müsste für den Abend reichen!«

»Das ist eine klasse Idee«, freue ich mich, »und ich Trottel habe immer nur zehn Stück geholt!«

Mit Jubelrufen stürzen sich meine Kinder auf die neuen Videofilme: »Oberkanakengeil!«

Als ich nach einigen Stunden während eines Kassettenwechsels durch die Fernsehprogramme zappe, sehe ich verwundert, dass sie jetzt schon Frühstücksfernsehen zeigen.

»Die ticken doch nicht mehr richtig«, schimpfe ich, »so früh am Abend Frühstücksfernsehen!«

»Das machen die aber schon seit Jahren«, bemerkt meine Frau. »Um sieben Uhr morgens gibt es immer Frühstücksfernsehen.«

»Wie bitte, warum sagt mir denn keiner, dass schon Montag ist?«, fluche ich los. »Komm, Zafer, wir müssen uns beeilen!«

»Wieso Montag?«, fragen Eminanim und Selma verwirrt.

»Es ist schon Dienstag! Wir dachten, ihr hättet beide frei!«

Zafer und ich verabschieden uns schnell von unseren Frauen und hasten in Richtung Halle 4.

Ich sehe noch, wie Eminanim unter dem massiven Protest der Kinder auf die Pausentaste drückt. Das wird dem Videorecorder und dem Fernsehapparat gut tun. Denn einer von den beiden qualmt bereits! Oder dampfen schon die Kinder?!

Nach einer Woche organisiert Hatices Lehrerin Frau Ingeborg Lehrknecht-Ziegenbart schon wieder ganz für mich alleine einen Elternsprechtag.

»Herr Engin, Hatice macht weder ihre Hausaufgaben noch liest sie ihre Schulhefte«, beschwert sie sich.

»Das kann so nicht stimmen«, wehre ich mich als verantwortungsvoller Erziehungsberechtigter, »ich sehe meine Tochter ständig lesen! Drei Fernsehhefte kriegen wir wöchentlich. Alle kann sie auswendig!«

Hatice stimmt mir stolz nickend zu.

»Frau Lehrknecht-Ziegenbart, wenn Sie möchten, können wir die Kleine ja mal testen. Sag mal, Hatice, ZDF, nächsten Samstag, 22:15?«

»›Das Aktuelle Sport-Studio‹ mit Johannes B. Kerner! Wenn Thomas Gottschalk sein ›Wetten dass‹ nicht wieder überzieht.«

»Donnerstag, 0:20, RTL 2?«

»Amerikanischer Erotikthriller: ›Sexbesessen!‹ Aus dem Jahr 93! Regie: Toby Philips! Darsteller . . .«

»Stopp, Hatice, das weiß ja jeder! Sag lieber, Dubai TV, Freitag morgens 3:45?«

»Fünfte Wiederholung des Kamelrennens zu Ehren der dreizehnten Frau des Sultans!«

»Na, ist das nicht oberkanakengeil, Frau Lehrknecht-Ziegenbart?«, frage ich mit hörbarem Stolz in der Stimme.

»Das reicht, das reicht«, höre ich Frau Ziegenbart empört kreischen, obwohl alle ihre Kollegen begeistert Beifall klatschen.

»Das geht so nicht weiter, Herr Engin! Der Fernsehapparat macht Ihr Kind verrückt. Sie müssen den Apparat abschaffen!« Schlagartig spüre ich gleichzeitig Schüttelfrost und Schweißausbrüche!

»Wie denn? Ganz weg? Völlig ohne Fernseher?«, stottere ich mit blutunterlaufenen Augen.

»Ja, Herr Engin. Sie haben keine Wahl. Um Ihre Familie zu retten, müssen Sie den Fernseher entweder verkaufen oder in den Keller stellen!«

»Was verlangen Sie da von mir? Das kann ich nicht! Das bricht mir das Herz! Aber wenn es für die Volksgesundheit wirklich unbedingt sein muss, dann müssen Sie dieses Verbrechen schon selber begehen!«, zittere ich wie ein Junkie auf Entzug.

»Na gut, dann stelle ich eben Ihren Fernsehapparat selber in den Keller!«, höre ich die gefühllose Stimme der eiskalten Hexe.

»Sie Mörderin, Sie!«, schreit Hatice und fällt in Ohnmacht.

Jetzt wohnen wir schon seit drei Monaten mit der gesamten Familie im Keller!

Die Talkshow-Familie

»Frau, was gibt's denn heute Mittag zu essen bei uns?«, rufe ich vom Wohnzimmer aus in die Küche.

»Pornos mit Tieren als Vorspeise und dann Silikonbusen in Zellulitis-Soße«, höre ich Eminanim etwas geistesabwesend antworten.

»Na toll, und was gibt's zum Nachtisch? ›Ich habe meine Frau umgebracht, weil sie schlecht kocht‹ vielleicht?«

»Ach, Mensch, Osman, du bringst mich völlig durcheinander. Ich bin gerade dabei, unser Talkshow-Programm für den nächsten Monat zusammenzustellen. Fürs Mittagessen habe ich dir Pornos mit Lamm ... ich meine natürlich Kartoffeln mit Lamm in den Backofen geschoben.«

»Aber Frau, du bist ja wirklich völlig durcheinander! Dann erzähl schon, was haben wir denn nächsten Monat im Angebot?«, will ich wissen.

»Ich bin gerne Pornostar; Ich war mal Pornostar; Süchtig auf Porno; Süchtig auf Sex; Süchtig auf Telefonsex; Sex mit 82; Ich bin ein Sexmonster; Ich brauche jeden Tag acht Frauen; Ich gehe mit jedem ins Bett; Ich besorg's mir selbst; Ich krieg nie genug; Ich treib's zwölf Mal am Tag; Sex mit Hunden; Sex mit Katzen; Sex mit Hühnern; Sex mit Goldfischen; Sex mit Tieren, ist das okay?; Ich hatte noch nie Sex; Ich find Sex ekelig, na und?; Tote Hose, ich krieg keinen mehr hoch; Mein Vibrator und ich; Mein Vibrator liebt mich nicht mehr; Ich bin verzweifelt, mein Vibrator geht fremd ...«

»Frau, du machst mich wahnsinnig ...«

»Ach ja, das gibt's ja auch noch: ›Immer nur Sex mit der eigenen Frau macht mich wahnsinnig‹!«

»Eminanim, sei ruhig, du machst mich heute wirklich wahnsinnig! Gibt's denn keine blöde Talkshow, die nichts mit Sex zu tun hat?«

»Doch, doch, was hältst du von: Hilfe, ich bin schwanger; Hilfe, ich bin nicht schwanger; Schwanger und verlassen; Schwanger vom Onkel; Schwanger vom Bruder; Schwanger vom Vater; Schwanger vom Schwager; Schwanger durch Geister; Schwanger durch Hamster . . .«

»Ich kann das Wort Schwanger nicht mehr hören. Hast du nicht was anderes im Angebot?«

»Da hätten wir noch: Hilfe, ich habe Zellulitis; Zellulitis, was tun?; Ich habe die Zellulitis besiegt; Verlassen wegen Zellulitis; Gekündigt wegen Zellulitis; Mein Leben mit Zellulitis; Zellulitis während der Schwangerschaft; Zellulitis nach der Schwangerschaft; Zellulitis nach der Heirat; Zellulitis nach der Scheidung; Zellulitis nach dem Tod.«

»Aber Eminanim, was soll ich denn mit Zellulitis? In der Sendung ›Keiner will mich wegen meiner Schwangerschaftsstreifen‹ kam ich nicht so gut an. Schicken wir doch lieber Hatice dort hin.«

»Aber das geht doch nicht. Mit ihren sechs Jahren ist Hatice viel zu jung dafür.«

»Gibt's denn keine Sendung ›Zellulitis mit sechs, was tun‹?«

»Aber Osman, du musst ja nicht gerade selber Zellulitis haben. Du kannst ja behaupten, Frauen mit Zellulitis sind besser im Bett. Oder du kannst auch die Gegenseite repräsentieren.«

»Nein, nein, das mit der Gegenseite mache ich nicht mehr. Da komme ich völlig durcheinander. Ich kann mich noch an diese Sendung erinnern ›Ich hasse meine Schwiegermutter‹, da sollte ich den lieben Schwiegersohn spielen. Aber als Überraschungsgast haben die Idioten vom Fernsehen tatsächlich deine Mutter eingeladen. Und die hat alles vermasselt.«

»In solchen Situationen musst du immer sagen: Ich nix verstehen, ich viel blöd, ich meinen andersrum. Was du wirklich meinst, interessiert sowieso kein Schwein.«

»Schau doch mal nach, was es sonst noch gibt.«

»Mein Busen ist zu klein; Mein Busen ist zu groß; Hilfe, meine Silikons platzen; Mördertitten ...«

»Stopp! Fang nicht wieder damit an! Das hatten wir vorhin schon. Such was raus, wo ich mitreden kann.«

»Nun, da hätten wir: Ich bin schlecht, ich bin ein Kinderschänder!«

»Oh, bei dieser Sendung gehe ich gerne als Gegenseite. Da kann ich herrlich über diese schlechten Männer schimpfen und kriege den meisten Beifall.«

»Aber das kleinste Honorar! Als Kinderschänder bekommst du fünfhundert Euro und als guter Mensch nur die Fahrtkosten.«

»Und wenn ich hinter der Glasscheibe den Kinderschänder spiele?«

»Dreihundert!«

»Wenn ich mit Pappmaske auftrete?«

»Vierhundert!«

»Dann lohnt sich das ja mit der Kinderschändung.«

»Aber sicher doch, Osman. Wenn du das misshandelte Kind auch noch mitbringst, gibt's sogar tausend Euro.«

»Hat denn Hatice Zeit an dem Tag?«

»Lass mich mal nachsehen. Oh, schade, an dem Tag hat sie zur gleichen Zeit eine andere Sendung: ›Ich bin sechs und lebe von Sozi‹. Danach ist sie in der Sendung: ›Hilfe, meine Eltern sind Millionäre‹. Und am Abend ist sie bei: ›Früh gereift, ich nehm schon die Pille‹.«

»Und wenn wir dich als das missbrauchte Kind hinter die Glasscheibe stellen?«

»Das geht nicht. Daran habe ich auch schon gedacht. Aber an dem Tag bin ich schon für zwei Sendungen festgebucht: ›Ich bin dauergeil, ich bezahle für Sex‹. Gleich anschließend daran habe ich meinen Auftritt bei: ›Ich habe meinen Mann umgebracht‹. Und wenn ich dann noch Zeit habe, muss ich zu der Sendung: ›Mein Körper gehört jedem, ich bin gerne Nutte‹. Außerdem nicht vergessen, Osman, morgen Mittag sind wir zusammen in der Talkrunde: ›Feinde bis aufs Blut, Krieg unter Nachbarn!‹

Ich heiße Fatima und komme aus der Türkei. Du heißt Mohammed und kommst aus Syrien. Ich habe deine Tochter vom Balkon geschubst und du hast meinen Sohn in der Weser ersäuft. Wie steht's?«

»Eins zu eins!«

»Nein, zwei zu null für Deutschland! Toller Witz, nicht wahr?! Kommt in jeder Sendung gut an. Jetzt wird's aber Zeit, Osman. Du musst ins Studio. Ich hoffe, du hast deine Hausaufgaben gemacht. Du trittst heute ja gleich in drei verschiedenen Rollen auf.«

»Ich bin dir ja so dankbar für diesen neuen Job, Emina-nim. In Halle 4 bin ich vom Meister sofort zusammengeschissen worden, wenn ich mal was gesagt habe. Jetzt kann ich reden, was ich will, und kriege auch noch Geld dafür. Und das Ganze wird sogar vom Fernsehen übertragen.«

Obwohl ich wie ein Wilder gefahren bin, komme ich fast zu spät zur Aufnahme. Ich stürze sofort auf die Bühne und setze mich auf einen der freien Stühle.

Der Moderator kommt direkt auf mich zu, legt seine Hand auf meine Schulter und fragt mit trauriger Stimme in die Kamera:

»Was hat Sie zu dieser Tat getrieben?«

Ich hasse es, als Erster angesprochen zu werden! So habe ich keine Gelegenheit, mich anhand der anderen Gäste zu orientieren.

»Ich heiße Erich«, sage ich, »und komme aus Mecklenburg-Vorpommern. Meine Frau fand meinen Penis lächerlich klein, deshalb habe ich ihn seit der Wende schon fünfmal vergrößern lassen.«

»Aber die Bananen sollten Sie doch nur essen und nicht zum Maßstab nehmen. Nun gut, kleiner Scherz am Rande. Wie ging's dann weiter?«

»Das ist ganz tragisch. Ich bin jetzt arbeitslos geworden. Ich habe zwar mehr in der Hose als die anderen, aber weniger in der Tasche.«

»Nun ja, das ist ganz interessant, hat aber nichts mit unserem Thema zu tun.«

Oh, Scheiße! Der Talkshow-Supergau! Ich hätte mich doch besser vorbereiten sollen!

»In Wirklichkeit heiße ich Luigi«, stottere ich, »stamme aus Neapel und habe gerade meine zwölfte Scheidung hinter mir.«

»Mensch, Sie sind ja völlig durcheinander! Kennt nicht mal seinen eigenen Namen! Wissen Sie wenigstens, was Sie heute Mittag gegessen haben?«

»Lamm mit Porno-Soße ... eh, Entschuldigung, das Lammfieber ... ich meine Lampenfieber!«

»Herr Petrovic«, ruft der Moderator entnervt, »erzählen Sie uns jetzt bitte endlich, warum Sie sich dafür entschieden haben, für immer ins Kloster zu gehen!«

»Das versuche ich ja die ganze Zeit. Aber Sie unterbrechen mich andauernd«, sage ich ganz cool. »Wie Sie wissen, heiße ich Slobodan Petrovic und bin gebürtiger Bayer. Wie ich bereits zu erklären versucht habe, konnten nicht mal zwölf Penisvergrößerungen meine fünfte Ehe retten. Als ich dann auch noch arbeitslos wurde, da beschloss ich nun endgültig, für immer ins Kloster zu gehen. Amen!«

Fliegende Schüssel

Das halbe Dutzend ist wieder voll! Alle meine sechs Kumpels sind heute bei mir zu Besuch. Eingeladen hat die kein Mensch. Aber trotzdem kommt der ganze Haufen zu uns ins Haus, weil unsere neue Schüssel schielt. Ich weiß nicht, warum das Ding schielen soll. Mein Sohn Mehmet hat die Schüssel besorgt. Er will die tägliche Fernsehansprache von Fidel Castro sehen, sagt er. Aber ich glaube vielmehr, dass er sich heimlich nachts an schwedischen Pornosendern aufgeilt.

Es ist acht Uhr abends und alle meine Kumpels rennen wie aufgescheuchte Hühner durch die Wohnung. Jeder versucht irgendwie die blöde schielende Schale so zu beeinflussen, dass im Fernsehen was zu sehen ist. Natürlich soll der Apparat nicht irgendwas zeigen, sondern das Fußball-Endspiel zwischen Galatasaray und Fenerbahce, das heute Abend live in Istanbul stattfindet. Gleich zwei Akrobaten, genannt Metin und Kenan, sind aus dem Küchenfenster geklettert und fummeln an unserer neuen Satellitenschüssel rum, die an der Außenwand des Hauses befestigt ist.

»Mehr zur Wand hin, mehr zur Wand hin«, brüllt Talat aus unserem Wohnzimmer. Seit einer Stunde steht er mit der Fernbedienung in der Hand vor dem Fernseher und versucht mit allen Tricks, den türkischen Sender lebendig einzufangen.

Ali, der kommunistische Gemüsehändler, hat sich im Flur postiert und brüllt alles, was Talat – der Mann mit der Fernbedienung – im Wohnzimmer von sich gibt, in Richtung Küche weiter:

»Mehr zur Wand hin, seid ihr taub? ... Mehr zur Wand hin, seid ihr taub?«

»Geht doch gar nicht! Ich habe das Ding schon einen halben Meter in die Wand eingerammt«, schreit mein Nachbar Metin zurück, der unter Einsatz seines Lebens vom Küchenfenster aus die Schüssel einzustellen versucht, während ihn zwei Leute dabei festhalten.

»Ihr Penner müsst es auch mal vertikal versuchen, nicht nur horizontal«, gibt der faule Turgut zum Besten, während er in meinem Wohnzimmer auf der Couch liegt.

»Mit vertikal haben wir nichts am Hut. Wir kennen uns nur im horizontalen Gewerbe aus«, lacht Ertac, dessen selbst gewählte Aufgabe darin besteht, durch die Wohnung zu rennen und alle Leute zu nerven. Er versteht von Technik und Fußball noch weniger als von Backgammon; also gar nichts!!

»Ich hab was! Da ist was!«, höre ich das Echo von Talat aus dem Wohnzimmer. Er steht mit der Fernbedienung vor dem Fernseher wie ein wild gewordener Sumoringer. So, als wolle er den Fernsehsender mit den Händen festkrallen, falls der mal erscheinen sollte. »Ich habe ihn! Ich habe ihn!«, brüllt er und hüpft wie ein kleines Kind auf dem Couchtisch rum.

»Das ist TV Dubai«, lacht ihn Ertac aus, »das Spiel findet in Istanbul statt und nicht in Arabien.«

»Aber beide Sender kommen vom gleichen Satelliten. Wir haben jetzt endlich den richtigen Satelliten erwischt, Euter-Sat oder so ähnlich!«

»Genau, wir haben den Euter erwischt. Die Araber zeigen uns gerade die Kühe, die sie aus Holland importiert haben«, höhnt Ertac.

»Talat, was hast du denn jetzt wieder gemacht?«, schimpft Kenan. »Es ist alles schwarz, man sieht ja gar nichts mehr!«

»Das ist der Frauensender aus Teheran«, rufe ich dazwischen, »die senden immer so schwarz verschleiert.«

»Osman, du sollst nicht immer so blöde Witze machen«,

motzt mich Kenan an, »du hättest den Sender ruhig früher einstellen können. Das Spiel läuft bereits seit einer Viertelstunde!«

»Ich wäre schon froh, wenn ich die zweite Halbzeit zu sehen bekäme«, mischt sich wieder Ertac ein und hetzt die Fußballfans in meiner Wohnung noch mehr gegen mich auf.

Die Nutznießer der dramatischen Situation sind Ertac und Memo, der Araber. Die beiden lassen die anderen sich abmühen und fallen über das tolle Essen her, das meine Frau vorbereitet hat. Eminanim hat den Tisch gedeckt und ist dann klugerweise rechtzeitig zu ihrer Freundin Hülya geflüchtet. Memo, der Araber, kommt bei solchen Gelegenheiten nur zum Essen. Und haut dann sofort wieder ab. Der runde Ball interessiert ihn herzlich wenig, Hauptsache, es gibt runde Frikadellen. Er hat nichts dagegen, dass sich alle um den Fernsehapparat kümmern, damit er zusammen mit Ertac alle Leckereien alleine wegputzen kann.

»Jetzt ist bereits Halbzeit«, ruft Kenan in die Runde und ist dem Weinen nahe. Als Kenan letztens sagte, in seinen Adern fließe das Blut in seinen Vereinsfarben: blau/gelb, da meinte meine Frau besorgt, er solle schnellstens zum Arzt, es könnte Gelbsucht sein.

In dem ganzen Theater klingelt auch noch plötzlich das Telefon. »Es steht eins zu null für uns!«, höre ich meinen Freund Zafer am anderen Ende der Leitung brüllen. »Der Schuss saß genau im Winkel!« Dieser Zafer ist fanatischer Fußballfan und ist nur für dieses Spiel nach Istanbul geflogen. Direkt aus dem Stadion berichtet er live per Handy vom Spielgeschehen. Wir haben die Schüssel zwar immer noch nicht zum Schielen gekriegt, aber dafür bekommen wir die Tore live von unserem Privat-Reporter aus Istanbul kommentiert.

Metin ruft verzweifelt von außen in die Küche hinein:

»Das klappt einfach nicht, das kann einfach nicht an der

Schüssel liegen! Deine Wohnung liegt für diesen Satelliten völlig falsch!«

»So ein Quatsch! Soll ich deswegen etwa die Wohnung abreißen? Oder um hundertachtzig Grad drehen?«, rufe ich verärgert. »Ihr habt alle keine Ahnung, wie das richtig gemacht wird! Jetzt lass mich mal selber ran! Vor ein paar Monaten habe ich diesen Sender doch reinbekommen!« Ich zerre Metin an seinem Arm wieder in die Küche rein und klettere selber auf die Fensterbank: »Alles muss man hier selbst machen! Ihr seid ja ungeschickter als meine Frau und mein Sohn zusammen!«

»Jetzt noch ein bisschen nach links«, schreit Ali das von Talat Gerufene weiter.

»Brüll doch nicht so!«, brülle ich zurück. »Noch bin ich nicht taub! Wollt ihr, dass man mir wegen eurem Lärm die Wohnung kündigt?!«

»Stopp! Stopp! Das war zu weit!«, höre ich meine so genannten Freunde aus der Wohnung schreien. Langsam werde ich wütend. Mit einer ruckartigen Bewegung reagiere ich meinen Ärger an der blöden Satellitenschüssel ab und verliere prompt den Halt. Ich halte mich verzweifelt an dem Ding fest. Aber die Schüssel ist nicht intelligent genug, um sich an der Wand festzuhalten. So schnell habe ich die drei Etagen bis in den Vorgarten noch nie geschafft.

»Ja! Jetzt hat du es, Osman! Nur noch ein Tick nach links, ein Tick nach links!«, höre ich meine Freunde von oben laut Beifall klatschen. »Jetzt ist es gut! Jetzt nicht mehr bewegen, Osman!«

»Ich kann mich sowieso nicht mehr bewegen! Ich habe mir garantiert alle Rippen gebrochen! Meine Beine! Ich habe kein Gefühl mehr in den Beinen!«

Kein Wunder, dass der Empfang jetzt besser ist! Die unter mir begrabene Schüssel schielt nicht mehr!

Erst im Krankenhaus komme ich wieder zu Bewusstsein.

Ich danke Allah, dass er mein Leben verschont hat! Aber noch mehr freue ich mich über den Fernsehapparat rechts oben in der Ecke, der dieses verhängnisvolle Fußball-Spiel aus Istanbul zeigt.

»Wie steht denn das Spiel?«, frage ich mit gequälter Stimme meinen Bettnachbar mit dem buschigen Schnurrbart.

»Keine Ahnung«, stöhnt er leise auf Türkisch, »ich bin auch eben erst mit zwei Armbrüchen eingeliefert worden. Frag doch mal den Opa da drüben mit dem Kopfverband. Den mit der Trillerpfeife und der blau-gelben Fahne in der Hand!«

Die Maus

»Osman, willst du mir nicht endlich die Wahrheit sagen?«

»Was hast du denn jetzt schon wieder, Eminanim?«

»Weich nicht aus, keine Ausflüchte. Ich will endlich von dir die Wahrheit wissen!«

»Eminanim, wovon redest du?! Welche Wahrheit meinst du denn? Unser Kommunist Mehmet würde jetzt sagen: ›Niemand hat die Wahrheit für sich gepachtet. Wahrheit als solches gibt es nicht! Die Wahrheit liegt immer im Auge des Betrachters. Außer der, dass die Kapitalisten die Proletarier immer wie Blutsauger ausbeuten!‹«

»Du weichst schon wieder aus, Osman! Ich will die Wahrheit von dir hören. Nichts als die Wahrheit!«

»Was meinst du denn? Das mit Adam und Eva und den Affen? Also das mit den Affen habe ich lange für ein Märchen gehalten, bis dann unser Sohn Mehmet geboren wurde.«

»So lange hättest du nicht zu warten brauchen. Ein Blick in den Spiegel hätte genügt!«

»Eminanim, hast du was Falsches gegessen, oder was?! Du hast ja mal wieder eine blendende Laune. Liegt es an den Salmonellen-Eiern, den Gen-Tomaten oder der BSE-Wurst?!«

»Du musst ganz ruhig sein. Du hast mehr Dreck am Stecken, bist mehr verdorben und verseucht als all das Zeug, das du gerade aufgezählt hast!«

Herr im Himmel, was habe ich denn nun schon wieder verbrochen?! Oder besser gesagt, was hat sie gerade rausgekriegt?! Ich lasse vor meinem geistigen Auge die Liste der Handlungen ablaufen, die in der Institution Ehe als illegal gelten. (Hier muss ich eine Klammer öffnen, um klarzustellen, dass dieser Ausdruck »Institution Ehe« natürlich von Mehmet stammt. War ja auch nicht so schwer zu erraten. Ich würde es »Ehe-Hölle« nennen.) Also, in dieser Liste mit den Verboten in der Institution Ehe stehen all die schönen Dinge, die andere, normale, ledige Männer problemlos machen dürfen. Nichts von den verlockenden Dingen in dieser Liste habe ich in letzter Zeit gemacht. Also nichts, was Eminanim hätte rauskriegen können.

Ich klicke die nächste Datei an. (Ich muss erneut eine Klammer öffnen, um zu sagen, dass ich mich nach langem Dagegenstemmen in die Gruppe der Computergeschädigten eingereiht habe. Am Anfang allen Übels stand aber – wie sollte es anders sein? – wiederum Mehmet. Jetzt habe ich seine alte, blöde Kiste am Hals! Seitdem liefern sich Eminanim und Einstein heftige Schlachten, wer die größere Nervensäge ist.)

(Es tut mir Leid, aber ich muss schon wieder eine kleine, diskrete Klammer öffnen, um zu erklären, woher der Name Einstein kommt. Mehmet hat den Computer so getauft, weil der Apparat auf alle seine Fragen geniale Antworten wusste. Aber wie gesagt, das war nur bei Mehmet so. Bei mir wirft das Ding mehr Fragen auf, als es beantwortet. Die Kiste ist so zickig, die sollte man nicht Computer, sondern Frau nennen. Ich werde es nie kapieren, warum das Ding zu allem Überfluss auch noch »der Computer« heißt?! Männer sind nicht soooo kompliziert!) Ich klicke also die Datei mit den ganz normalen Verboten an. Die für alle Männer gelten. Durch einen einzigen Satz von Eminanim hat mein Programm aber sofort den größten Absturz der bemannten Fluggeschichte des letzten Jahrhunderts.

»Osman, man merkt, dass du alt wirst. Für eine einzige Lüge hast du noch nie so lange gebraucht!« (Sie sehen, ich bin schon wieder gezwungen, eine weitere Klammer zu öffnen! Jeder normale, gesunde Mensch hätte sich nach so langer Wartezeit längst um seinen eigenen Kram gekümmert. Aber Eminanim hakt immer noch nervtötend nach, so wie ein Staatsanwalt im Kreuzverhör.)

»Was willst du denn, sonst wirfst du mir doch immer vor, loszulabern ohne nachzudenken.«

»Osman, ich habe eine ganz einfache, klar formulierte Frage gestellt. Willst du jetzt mit der Wahrheit herausrücken oder nicht?!«

Eminanim führt mittlerweile siebenundvierzig zu einunddreißig gegen Einstein. Das war mir aber auch schon vorher klar. Einstein hat nie den Hauch einer Chance gegen sie gehabt! (Zur fairen Verteidigung von Einstein bin ich gezwungen, noch eine Klammer zu öffnen! Es war nämlich logisch, dass das völlig überschätzte Genie von vornherein auf verlorenem Posten stand. Eminanim kennt mich schließlich schon seit dreißig Jahren, aber Albert kennt mich erst seit ein paar Tagen. Meine Frau weiß genau, wie man mich mit nur zwei Sprüchen auf die Palme bringt. Da muss ihr Konkurrent noch lange für üben. Aber er ist theoretisch relativ lernfähig, der Einstein.)

»Eminanim, deine Frage mag sehr einfach sein, aber du verlangst große Antworten: die Wahrheit und nichts als die Wahrheit! Meinst du die über Gott und Jenseits und so weiter? Ich muss dir gestehen, je länger ich mit unserem linksradikalen Sohn über dieses Thema diskutiere, desto mehr komme ich ins Grübeln. Natürlich weiß ich, dass alles vorbestimmt ist und unser Schicksal in Gottes Händen liegt. Allah entscheidet ganz alleine, wer geboren wird und wer stirbt. Aber mein Sohn kontert auf so was wie immer ganz lässig: Dann dürfte ich mich auch über diese schlimmen Terroristen auf der ganzen Welt nicht ärgern, wenn sie unschuldige Menschen töten. Denn diese Terroristen wären dann ihrerseits auch nur arme, unschuldige Opfer, deren Taten Gott vorbestimmt hat. Eminanim, was soll ich unserem Sohn dann antworten?! (Lieber Leser, mit einer neuen Klammer muss ich auch Sie um Hilfe bitten! Schicken Sie mir bitte einen Brief. Rufen Sie mich an. Schicken Sie ein Fax oder senden Sie eine E-Mail. Nein, das mit der E-Mail lassen wir lieber bleiben! Ich werde Einstein nämlich nie dazu überreden können, mir Ihre E-Mail zu zeigen. Bitte helfen Sie mir aus dieser Klammer (ich meine, aus dieser Klemme)! Was soll ich meinem missratenen Sohn in solch einer Situation antworten?!)

Frau, du weißt doch, wenn Mehmet mich in die Ecke getrieben hat, dann legt er immer noch eins nach, um mich völlig fertig zu machen. Er sagt: ›Wenn Gott der Einzige ist, der Leben schaffen kann, was ist dann mit dem Klonschaf Dolly, dem Säugetier mit dem dicken Euter?!‹ Um mich rauszureden, sage ich in solchen Situationen immer: ›Ich diskutiere nicht mit gottlosen Kommunisten!‹ In den heiligen Büchern gibt es auch keine vernünftigen Antworten dazu. In der Bibel steht nichts über Dolly. Und auch kein Satz wie: Du sollst nicht klonen! Im Koran steht, dass man ungläubige Frevler wie Mehmet von ihrem Leiden befreien soll, indem man sie umbringt. Aber es würde einen sehr schlechten Eindruck machen, wenn ich meinen eigenen Sohn erwürge (schade eigentlich)! Aber das Wichtigste ist doch, wie kann ich die ganze Geschichte mir selber erklären?!«

»Nein, Osman, mir sollst du was erklären! Das reicht!«

»Das mit der Dolly?«

»Ihren Namen will ich gar nicht wissen!«

»Du meinst doch die mit den dicken Eutern und den vielen Haaren?«

»Du ekelhafter Chauvi!«

»Ich meine doch nur das Säugetier.«

»So heißen die Frauen also jetzt bei dir, du Sexmonster!«

»Eminanim, spinnst du? Von was für Frauen redest du denn jetzt eigentlich?!«

»Die Maus mit den dicken Titten!«

»Bei Schafen nennt man das Euter, nicht Titten.«

»Am Telefon hast du vorhin Maus zu ihr gesagt! Ich bin nicht taub!«

»Ich soll mit einer Maus telefoniert haben?! Ich bin doch kein Prophet. Noch verstehe ich die Sprache der Tiere nicht. Ich verstehe ja nicht mal, wovon du die ganze Zeit redest.«

»Ich meine doch deine Schlampe, über die du eben mit Hans gelästert hast!«

»Hans? Telefon? Schlampe? Ich habe nur eine Schlampe und das bist du, mein Engelchen!«

»Du hast extra leise geredet, aber ich habe alles mitbekommen. Du hast gesagt, diese Maus tickt nicht richtig und macht dich noch wahnsinnig. Und dass dein Leben früher viel angenehmer war! Und wenn du gewusst hättest, dass sie so viel Zicken macht, dann wärst du doch lieber bei der Handarbeit geblieben. Außerdem sei sie schrecklich sensibel und würde die ganze Zeit einfrieren! Na, soll ich noch weitererzählen, du Ehebrecher?! Ich will jetzt endlich die Wahrheit wissen!«

»Ach, Eminanim, ich lach mich gleich kaputt! Jetzt kapiere ich endlich, was du willst. Ich habe mich bei Hans darüber beschwert, dass der blöde Computer mich in den Wahnsinn treibt. Und dass ich mit der neuen Maus nicht klarkomme. Dass sie nicht das macht, was ich will!«

»Hör bloß auf, Osman! Hör bloß auf! Ich lass mich nicht nochmal von dir für blöd verkaufen. Damals, als wir unseren ersten Fernseher bekommen haben, sagtest du, dass da ganz viele kleine Zwerge drin sind. Und dann hast du behauptet, dass unter der Motorhaube von unserem Ford-Transit wirklich zweiundfünfzig ganz kleine Pferde weiden würden. Wieso sollte es denn sonst wohl Pferdestärken heißen?! Und jetzt willst du mir weismachen, dass kleine, weiße

Mäuse in deinem Computer die Aufgaben erledigen! Und dass in den Flügeln der Flugzeuge Tausende von Möwen sitzen, glaube ich dir auch nicht mehr!«

»Wieso das denn nicht?«

»Wegen der Tierschützer!«

(Oh Scheiße!!)

Mein Handy Helga

»Mensch, Osman, wo bleibst du denn?«, brüllt meine Frau genervt am Telefon.

»Jetzt mach doch keinen Stress, ich bin gleich da«, brülle ich nicht weniger genervt in den Apparat.

»Was treibst du denn schon wieder so lange im Badezimmer? Du wolltest dir doch nur die Hände waschen!«

Seitdem sie mir das blöde Handy geschenkt hat, habe ich nicht mal hier auf dem Klo meine Ruhe. Das war natürlich ein Geburtstagsgeschenk à la Eminanim. Ich durfte den Nervtöter selber bezahlen – wie bei allen anderen Geschenken von ihr –, als Ausgleich dafür erlaubt sie mir, dass ich auch die monatlichen Gebühren bezahle. Bisher weigert sie sich standhaft, mir beizubringen, wie man mit dieser »Strafe Gottes« umgeht. Die Bedienungsanleitung hat sie auf dem Balkon im Holzkohlegrill kalt lächelnd verbrannt. Trotzdem kontrolliert sie jeden Abend das Display, ob ich jemanden – natürlich eine Frau – angerufen habe oder ob ich von jemandem – natürlich von einer Frau – angerufen worden bin. Mit einer Lupe prüft sie das Handy nach Fingerabdrücken und anderen verräterischen Merkmalen. Z. B: blonde Frauenhaare, Lippenstiftspuren oder irgendwelche Frauenunterwäsche, die zwischen den Tasten klemmt.

Aber weil ich nicht rangehe, tritt sie wie eine Irre gegen die Toilettentür und brüllt:

»Osman, wehe du hast es wieder ins Klo fallen lassen!«

So blöd bin ich nicht mehr. Um die elektronische Fessel loszuwerden, habe ich sie letzte Woche ins Klo geschmissen und die Spülung betätigt. Eminanim hat mich danach gezwungen, das ekelhaft stinkende Teil eigenhändig wieder herauszufischen.

Erst vorgestern hat sie es dampfend aus dem Backofen gezogen.

Weil sie mich alle zwei Minuten anruft, ertönte plötzlich zur Überraschung aller aus dem Herd die Melodie von »Spiel mir das Lied vom Tod«.

Letzte Woche wollte ich rein zufällig meinen Vorschlaghammer auf dieses Handy fallen lassen. Gestern Nachmittag rief mich mein Arzt übers Handy an und teilte mir mit, dass der Gips von meinem rechten Fuß in drei Wochen abgenommen wird.

»Herr Doktor, Sie würden mir einen viel größeren Gefallen tun, wenn Sie mir das Handy vom Ohr abtrennen statt den Gips vom Fuß.«

»Ich verstehe Sie vollkommen, Herr Engin«, jammert der Arzt, »aber glauben Sie mir, das bringt nichts. Die wachsen so schnell nach wie Pilze nach dem warmen Sommerregen. Ich verstehe Sie zu gut. Seitdem es diese ›elektronischen Fußfesseln‹ gibt, gönnt mir meine Frau auch keine ruhige Minute mehr. Sie ruft mich ständig an. Und zwar immer dann, wenn ich eine junge, hübsche Patientin im Sprechzimmer habe!«

»Oh, Gott«, sage ich, »wozu sind unsere Weiber noch alles imstande?! Hat Ihre Frau denn auch Videokameras eingebaut? Wie kann sie denn ahnen, wen Sie gerade untersuchen? Also wenn ich bei Ihnen auf der Couch liege, dann hat sie noch nie angerufen!«

»Das ist doch ganz einfach: Ich Idiot hab meine Sprechstundenhilfe geheiratet!«

»Überlegen Sie, was Sie da sagen, Herr Doktor! Nicht dass Ihre Frau Sie jetzt abhört!«

»Das ist mir jetzt auch egal, Herr Engin. Aber Sie haben schon richtig beobachtet: Bei hässlichen, verkrüppelten

Gartenzwergen, wie Sie es einer sind, da funkt sie nie dazwischen!«

Früher habe ich ihn ja nicht geliebt. Aber jetzt hasse ich ihn. Ich meine den piepsenden Nervtöter und nicht den Arzt. Diesen Arzt habe ich schon immer gehasst!

An meinem Geburtstag wollte mich meine Frau noch damit trösten, dass alle Leute glauben, das Mistding sei in Wirklichkeit ein Statussymbol. Zum ersten Mal hätte sie Grund, stolz auf mich zu sein. Wenn ich auf der Straße das Handy vor meinem Gesicht halte, würde sie sogar mit mir bis zum Bäcker gehen, hat sie mir versprochen. Aber als ich gestern am Bahnhof den Penner sehe, der sturzbesoffen auf dem Boden liegend mit seinem Kumpel telefoniert, der zehn Meter weiter liegt, mit seiner Rotweinflasche spricht und dabei sein Handy voll kotzt, ist es mit dieser Illusion auch vorbei.

Das einzig Positive an diesen Winzlingen ist, dass sie den ganzen Analphabeten Lesen und Schreiben beigebracht haben. Die Leute, die vorher gerade mal mit viel Mühe die Fernsehzeitung lesen und ihren eigenen Namen schreiben konnten, belästigen ihre Umwelt jetzt mit SMS, weil das Telefonieren zu teuer ist. An jeder Straßenecke hämmern Horden von Gehirnamputierten mit ihren Wurstfingern stundenlang auf diesen Apparaten rum, um irgendwie zwei Wörter zusammenzubekommen. Sie erwecken unweigerlich den Eindruck, dass ganz Deutschland jahrelang in Einzelhaft gewesen sein muss.

Auf dem Nachhauseweg schaue ich kurz im »Zum Wohl« rein. Das ist die Kneipe von Herbert. Er ist über die aktuellen Fußballergebnisse immer bestens informiert. Kaum betrete ich den Laden, schon springen alle Leute auf. Es versteht sich natürlich von selbst, dass diese Hampelmänner nicht wegen mir aufspringen, sondern weil irgendwo ein

Handy piept. Die eine Hälfte stürmt zu ihren Taschen, die andere Hälfte zu ihren Jacken und die dritte Hälfte steht blöd in der Gegend rum und weiß momentan nicht, wohin sie stürmen soll.

Die Apparate sollten verboten werden! Niemand hat das Recht, die Gemeinschaft der Männer auf diese hässliche Art und Weise zu stören. Dass sie von ihren eifersüchtigen Frauen gezwungen werden, zu Kontrollzwecken diese Kuhglocken ständig um den Hals zu tragen, ist auch keine plausible Ausrede.

Und die Dialoge machen mich erst richtig fertig! Die sind noch dämlicher als die Besitzer:

»Ja, jetzt bin ich in der Kneipe. Soll ich Bier mit Korn oder ohne Korn trinken?«

Dem Rest der Menschheit werden in Brüll-Lautstärke weltbewegende Neuigkeiten mitgeteilt:

»Also mir schmecken Pommes . . . mit Majo zehnmal besser als mit Ketchup.«

Das Rausrenn-Spiel gefällt mir auch sehr, sehr gut. Man presst das Handy mit der linken Hand an das rechte Ohr, tut extra verschämt, schaut auf den Boden und rennt wie ein aufgescheuchtes Huhn durch den Laden. Schmeißt Stühle um, knallt gegen Tische und zu guter Letzt klatscht man mit dem Kopf gegen die Eingangstür. Ein wahrlich tolles Spiel!

Wie es sich gehört, lege ich mein Portemonnaie, die Ford-Transit-Schlüssel und das Handy auf den Tresen; so wie alle anderen auch.

»Herbert, hast du die Ergebnisse von der italienischen zweiten Liga im Kopf?«

»Osman, was fragst du mich? Du hast doch ein absolutes Superteil vor dir liegen. Da kannst du doch alles abfragen.«

»Was?! Ich dachte, das Ding kann nur bimmeln und die schreckliche Stimme meiner Frau übertragen!«

Herbert schnappt sich mein Handy, tippt wie ein Wilder drauf rum und knallt es mir mit den Ergebnissen wieder auf den Tisch.

»Da!«

Auf einmal wird mir das Ding sympathischer. Ich sehe es mit völlig neuen Augen.

»So ein kleines, süßes Ding und kennt sich mit Fußball aus!«, jubele ich. Begeistert lese ich die Ergebnisse. Und weil das niedliche Geschöpf mich sehr glücklich macht, taufe ich mein Handy umgehend auf den schönen Frauennamen »Helga«.

Jetzt, wo ich merke, dass das Ding zu was zu gebrauchen ist und Helga heißt, da macht es mir plötzlich nichts mehr aus, dass ich es die ganze Zeit in meiner Jackentasche, an meinem Herzen trage und ständig von ihm gestört werde.

Ich verstehe die Welt nicht mehr! Seit Stunden fummele ich plötzlich mit großer Freude an dem Teil rum und versuche die geheimen Fertigkeiten und die Spezialitäten von Helga zu enträtseln und zu Tage zu befördern. Herbert gibt mir noch den vertraulichen Tipp, das Handy auf Vibrationsalarm zu stellen und es mir in die Hosentasche zu stecken, dann würde ich mich selbst auf die Anrufe meiner Frau freuen.

Nachdem ich in trauter Gemeinsamkeit mit meiner neuen hübschen Freundin Helga drei Tassen Kaffee getrunken habe – wobei wir leider andauernd von meiner keifenden Ehefrau belästigt wurden –, verabschiede ich mich von Herbert.

Kaum sitze ich in meinem Ford-Transit, merke ich zu meinem Entsetzen, dass ich meine heiß geliebte Helga im »Zum Wohl« vergessen habe. Wie der Blitz renne ich zurück. Noch heute Morgen hätte ich mein Handy sicherlich rücksichtslos seinem Schicksal überlassen. Aber seit einer Stunde ist sie meine heimliche, fußballkompetente Liebe.

Das Schlimmste befürchtend stürze ich in den Laden hinein. Bereits in der Tür merke ich, dass es schon zu spät ist. Herberts Mutter hält kreidebleich und fassungslos meine arme Helga in der Hand und der ganze Laden hört mit, wie meine Frau am anderen Ende tobt.

»Wer bist du, du dämliche Schlampe?! Ich bring dich um! Osman, das Schwein, bringe ich auch um! Wo ist er, der Ehebrecher? Ich schwöre dir, ich finde euch! Er wird sich noch wünschen, er wäre tot! Und ich krieg schon raus, wer du bist, du Miststück! Osmaaan, wo bist du, Osmaaaaan?!«

Der Beweis

Mit halb geschlossenen Augen sehe ich, wie meine Frau heute Morgen schwer beleidigt und besonders übel gelaunt aus dem Bett klettert. Sie hat sich alle möglichen negativen Gesichtsausdrücke zugelegt. Es ist unübersehbar: Sie ist stinksauer! Um es noch kürzer zu machen: Sie sieht halt so aus wie jeden Morgen!

Meine üblichen Beschwichtigungsversuche in Form von: »Guten Morgen, mein Liebling«, oder: »Na, hast du auch so gut geschlafen? Du siehst mal wieder blendend aus«, werden prompt niedergeschmettert in Form von: »Halt's Maul, du Idiot!« Oder: »Lass mich in Ruhe, du Penner!«

Mit ganz normaler schlechter Laune ist Eminanim also aufgewacht. Und gegen Mittag wird ihre Laune noch schlechter. Eigentlich ein ganz gewöhnlicher Ehefrauen-Zustand. Doch irgendwie scheint es heute etwas anderes zu sein. Immer wenn sie wutschnaubend zu mir rüberschaut, habe ich das ungute Gefühl, dass sie mich gleich wie ein Kampfhund anfallen und zerfleischen wird. Dabei habe ich ihr gestern vor dem Schlafengehen sogar »Gute Nacht« gewünscht!

Als sie mal ohne was zu sagen unter die Dusche geht, wahrscheinlich um sich etwas abzukühlen, laufe ich sofort rüber zu unserem Hausarzt und lasse mir gleich ein Dutzend dicke Spritzen gegen Tetanus, Tollwut und den bösen Blick verpassen.

Mit frisch gewickelten Haaren kommt sie aus dem Badezimmer und schreit mich urplötzlich aus heiterem Himmel an. Naja, so heiter ist der Himmel heute ja auch nicht! Sagen wir mal, sie schreit mich aus ziemlich bedecktem Himmel an:

»Osman, du mieses Schwein! Ich hasse dich! Du ekelhafter, kleiner Verräter!«

Wieso beschimpft sie mich als Verräter?! Wo ist die undichte Stelle?! Welches von meinen Kindern hat gepetzt, was ich über sie gesagt habe?!

Intuitiv tippe ich erstmal auf Mehmet, diesen verdammten Hundesohn! Wenn es in diesem Haus einen Doppelagenten gibt, dann ist es garantiert Mehmet!

»Aber Eminanim, mein Mäuschen, das war doch nicht so gemeint. Du sollst doch nicht alles glauben, was Mehmet sagt. Der macht aus jeder Mücke einen Elefanten.«

»Was für eine Mücke? Was für ein Mehmet?«

»Ich meine, dein Sohn Mehmet lügt, wenn er nur den Mund aufmacht!«

»Es hat keinen Sinn, sich herausreden zu wollen, du Verräter! Mehmet hat mit dieser Sache überhaupt nichts zu tun! Ich habe alles mit meinen eigenen Augen gesehen!«

»Was willst du mit deinen eigenen Augen gesehen haben?«

»Wie du mich verraten hast!«

»Ich? Verraten? Wann? Wieso?«

»Ein ganzer Haufen brutaler Mafia-Mörder war hinter mir her und ich hatte ein winziges kleines Versteck gefunden. Dann habe ich gesehen, wie du mich verraten hast! Du hast denen erzählt, wo ich mich verstecke!«

»Wann soll das denn gewesen sein?«

»Heute Nacht in meinem Traum!«

»Ach so! Ich entschuldige mich hiermit natürlich für mein schändliches Verraten, ich meine, Verhalten!«

»Mit so einer billigen Entschuldigung kommst du diesmal nicht davon! Du weißt genau, dass die mich hätten umbringen können!«

»Jetzt übertreibst du aber ein bisschen. So weit wären die Jungs von der Mafia sicherlich nicht gegangen.«

»Hor auf, du Verräter! Ich will dich nicht sehen, ich will dich nicht horen! Beruhr mich nicht!«

Mir wird der Ernst der Lage immer bewusster! Wenn sie anfängt die Umlaute von »ö« und »ü« zu schlucken, ist sie besonders verärgert. Weil, wenn eine Türkin anfängt die »ü«s zu vergessen, ist Hüpfen und Mülz verloren!

»Aber Eminanim, mein Engelchen, was hätte ich denn machen sollen?! Ich musste doch versuchen, meine eigene Haut zu retten. Woher sollte ich denn wissen, dass sie hinter dir her sind?«

»Du Lugner! Ich hab's genau gesehen! Du hast mich verraten, ohne einmal mit der Wimper zu zucken. Die mussten dich dazu nicht mal zwingen. Du hast mit dem Finger auf mich gezeigt und dabei hinterhältig gegrinst!«

»Aber mein Schatz, das war doch nur ein toller Trick von mir. Mit meinem charmanten Lächeln wollte ich die Verbrecher milde stimmen. Und in Wirklichkeit waren die auch nicht so brutal und gefährlich, wie du meinst.«

»Damit widersprichst du dir doch selber, du Lugner! Wenn die wirklich nicht so gefährlich gewesen wären, dann hättest du doch nicht so einen Spaß gehabt, mich an die zu verpfeifen!«

»Aber Eminanim, jetzt sei doch nicht kindisch! Die Kerle in deinem Traum sahen vielleicht gefährlich aus, aber in Wirklichkeit waren die völlig harmlos.«

»Ich habe gewusst, dass du mit denen unter einer Decke steckst! Wie kannst du dir denn sonst so sicher sein, dass die harmlos waren?! Du Stasiratte! Du Osi, du! Was weißt du noch von meinem Traum?! Genügt es dir nicht, dass du alle meine Tagebücher liest?!«

»Lass uns noch mal über deinen Traum reden. Das muss dir doch klar sein, dass es eine Einbildung war. Sozusagen nur ein blöder Traum.«

»Das ist nun mal wieder typisch, du unsensibler Macho! Eure Träume sind nichts als Blödsinn. Die Kerle träumen doch nur von irgendwelchen blonden, nackten Weibern. Was wir träumen, das hat Bedeutung! Meine Träume sind Vorahnungen!«

»Das ist keine Vorahnung, das ist Schwachsinn!«

»Von wegen! Ich weiß genau, was ich träume, ist entweder schon passiert oder passiert in diesem Moment oder wird demnächst passieren!«

»Aber mein Engelchen, du weißt doch, was unsere kluge Nachbarin Erkek Fatma immer sagt: Erst wenn man einen Traum dreimal träumt, dann hat er Beweiskraft!«

»Ha, jetzt hast du dich selbst verraten, Osman! Was glaubst du eigentlich, was ich die letzten zwei Nächte geträumt habe?!«

Unter der erdrückenden Last der Beweislage schleiche ich schuldbewusst aus dem Haus.

Einige Tage später werde ich mitten in der Nacht durch brutale Schläge auf den Hinterkopf aus dem Schlaf gerissen. Meine Frau steht im Nachthemd mit der Bratpfanne in der Hand neben dem Bett.

»Osman, sag endlich, seit wann betrügst du mich mit dieser Schlampe?!«, brüllt sie mich wie eine Irre an.

»Was ist denn los? Mit wem betrüge ich wen?«, stottere ich schlaftrunken.

»Soll das heißen, es sind gleich mehrere?«

»Sag du es mir, Eminanim. Was habe ich schon wieder verbrochen?!« Ich halte mir das Kopfkissen schützend über den Schädel.

»Ich weiß genau, dass du ein Verhältnis mit meiner Frisöse hast! Du bist so scharf auf sie! Dabei sind ihre blonden Haare nicht mal echt!«

»Eminanim, hattest du den Traum etwa auch schon zum dritten Mal?«

»Sogar funf Mal! Um ganz sicher zu sein, habe ich euch weitere zwei Tage beobachtet! Gestehe es endlich! Leugnen ist zwecklos!«

»Ich kenne deine Frisösen doch überhaupt nicht! Du wechselst sie doch ständig!«

»Das ist mal wieder typisch Mann! Betrugen einen mit wildfremden Frauen, ohne sie uberhaupt zu kennen!«

Brautschau

Fünf frisch gewaschene, gefönte und polierte nagelneue Ford-Transits, Baujahr 72 mit Diepholzer Kennzeichen parken die Straße vor unserer Haustür zu. Fassungslos beobachte ich mit meiner Frau Eminanim im Schutz unserer dicken Gardinen die Ankunft unserer Gäste.

»Acht . . . neun . . . Osman, wie viel Leute dürfen denn in Diepholz mit so einem Wagen fahren? Elf . . . zwölf . . . dreizehn . . .«

Ungläubig zähle ich die Leute weiter, die direkt vor unserem Fenster aus einem einzigen, knallroten Ford-Transit herausklettern.

»Keine Ahnung . . . sechzehn . . . siebzehn . . . so viel wie reinpassen halt . . . achtzehn . . . neunzehn . . . aber diese Landeier brechen bald unseren Rekord . . . zwanzig . . . einundzwanzig . . . Unser Rekord lag damals bei zweiunddreißig, nicht wahr? Zweiundzwanzig . . . dreiundzwanzig . . .«

»Osman, wie viele kommen denn da noch? Fünfundzwanzig . . . sechsundzwanzig . . . Wenn in den anderen Wagen genauso viele sind«, jammert meine Frau, »passen die unmöglich alle in unsere Wohnung! Siebenundzwanzig . . . achtundzwanzig . . .«

»Ich glaub's einfach nicht . . . neunundzwanzig . . . dreißig . . . O Gott, einunddreißig . . . zweiunddreißig . . . Am besten höre ich auf zu zählen . . . fünfunddreißig . . . sechsunddreißig . . .«

»Siebenunddreißig . . . achtunddreißig . . . so viele Teetassen habe ich überhaupt nicht! Vierzig . . . einundvierzig . . . Ich habe die nicht alle eingeladen!«

»Zweiundvierzig ... Scheiße ... dreiundvierzig ...«

Wie die Heuschrecken fallen sie über uns her, meine ländlichen Landsleute. Die ganze Sippe ist angereist, um mit Allahs Hilfe um die Hand meiner Tochter Nermin anzuhalten. So viele Hände hat das arme Mädchen doch gar nicht, nicht mal Finger! Ich befürchte, bei ihrer Igelfrisur reichen nicht mal ihre Haare. Wer hätte gedacht, dass in fünf Ford-Transits mehr Leute reinpassen als in das ausverkaufte Weserstadion. Mit fast genauso vielen Transparenten:

»Hüsnü ist der Größte!«

»Hüsnü vor, noch ein Tor!«

»Hüsnü, Diepholzer des Jahres!«

»Werder: 5 – Bayern: 0!«

Einige glauben wirklich, sie wären im Stadion. Mein Sohn Mehmet starrt mit aufgerissenen Augen auf die Menschenmassen im Wohnzimmer, die wie Legehennen auf einer Hühnerfarm übereinander hocken.

»Kommen die alle nur wegen Nermin oder wollen die gleich alle Frauen aus Bremen abschleppen?!«

»Frag doch selbst. Du bist doch der ältere Bruder!«

»Was wollen die von Nermin, gibt's in Diepholz keine Kühe?«

»Mehmet, sei nicht ungerecht. Verglichen mit deiner Mutter sieht deine Schwester aus wie Lady Di.«

»Ja, aber nur nach dem Unfall! Auf den Quatsch habe ich keinen Bock. Ich nehme mir heute als älterer Bruder frei. Und tschüss!«

»Bist du verrückt geworden, du bleibst hier! Lass uns mit der Meute nicht alleine!«

»Von wegen, ich komme morgen wieder oder erst nächstes Jahr!«

»Na prima, wenn das so ist, dann nehme ich mir heute als der Vater auch mal frei! Zudem weiß ich noch nicht mal, ob Nermin wirklich von mir ist! Tschüss, Eminanim!«

»Sehr witzig, Osman. Du bleibst hier! Du gehst nirgendwohin!«

»Wieso darf denn Mehmet weg und ich nicht?«

»Osman, wer ist hier wohl der Brautvater?«

»Ja, wer denn? Das wollte ich schon immer wissen!«

Als Antwort bekomme ich eine Pralinenpackung um die Ohren gehauen. Die Süßigkeiten fliegen durch das ganze Zimmer.

»Wir in der Großstadt öffnen die Pakete immer so«, gebe ich vor unseren Gästen an, um die peinliche Situation zu retten.

»Davon hat Osman auch diese Glatze bekommen«, ergänzt Eminanim hinterhältig wie sie ist. Hüsnü, der Möchtegern-Bräutigam, ist plötzlich weiß wie die Wand und bekommt auf dem Sofa einen Schüttelfrost nach dem anderen. Ich kann ihn so gut verstehen: Wie die Mutter, so die Tochter, sagt man ja!

Ich kenne kaum einen von meinen hundertzweiunddreißig Gästen in meiner Wohnung. Aber als Gastgeber rede ich mit ihnen über Gott und die Welt. Über Lügner, Gangster, Verbrecher, Aufhetzer und die CDU. Und wir sind alle der Meinung, dass keiner von uns, nicht mal in zweihundert Jahren, unsere Wählerstimme dieser CDU geben würde, die diese menschenfeindliche Unterschriftenaktion verzapft hat. Selbst wenn sie dann sogar unsere Füße küssen sollten. Dann doch lieber gleich die DVU oder die Republikaner. Die sind wenigstens ehrlich. Da weiß man, was man hat! Über die karrieregeilen, opportunistischen Aushilfspolitiker mit ausländischer Abstammung in der CDU schimpfen alle besonders laut. Es gibt zwei Arten auf den Strich zu gehen: Die einen arbeiten im Bordell, die anderen im Parlament! Die Diepholzer müssen es ja wissen!

»Igitt, Eminanim, deine Frikadellen sehen ja heute noch unappettitlicher aus als dieser Stoiber. Nur schmecken tun sie nicht so gut! Bäääähh!«

»Osman, da kann ich diesmal nichts für. Du weißt, viele Köche verderben den Brei. Aber wenn dreißig türkische Frauen gleichzeitig versuchen, eine einzige Frikadelle zu braten, dann wird sie schwarz wie ein Brikett! Einige wurden sogar schon von Notarztwagen abgeholt!«

»Was, die Frikadellen sind auf der Intensivstation?«

»Nein, diese blöden Weiber! Weil es in der Küche so voll ist, haben die sich aus Platzmangel auf den Gasherd gesetzt.«

»Ööööröghh!! Das habe ich wohl soeben erwischt!«, würge ich angeekelt heraus.

»Du Kannibale! Osman, der Arschfresser! ... Ach übrigens, im Flur wurden drei platt getrampelte Kinder mit erheblichen Quetschungen soeben von der Freiwilligen Feuerwehr gerettet.«

»Eminanim, was soll ich machen, die Schlange vor der Toilette wird ja nie kürzer. Ich mach mir gleich in die Hose.«

»Du kannst wie die anderen auch in den Garten gehen. Dort habe ich sechs mobile Toilettenhäuschen aufstellen lassen. Und in diesen zwei Stunden hat Hatice mit dem Eintritt dafür inzwischen mehr Geld verdient als du in deiner Halle 4 im ganzen Jahr.«

Eigentlich ist es ja mittlerweile an der Zeit, dass der Vater dieses Angsthasen von einem Bräutigam mit dem Grund für diese Invasion herausrückt. Doch der ist noch verklemmter und schüchterner als sein Sohn und bringt nur ein verlegenes: »Öhm ... ehm ... höhö ...« zustande. Hilfesuchend starrt er seinen älteren Bruder an, damit der das Wort ergreift.

Zur Abwechslung stottert jetzt der ältere Bruder: »Öhm ... ehm ... hühü ...« und gibt die Verantwortung an seinen älteren Bruder weiter.

Nach einer halben Stunde habe ich alle Brüder kennen gelernt: Die sehen nicht nur aus wie hundert Jahre Inzucht, sondern sind auch alle sprachbehindert. Seit Stunden warten die ganzen Hundertschaften sehnsüchtig darauf, dass meine Tochter Nermin mit einem Tablett voller Teegläser ins Wohnzimmer kommt. Damit die Braut von allen Seiten wie ein Stück Vieh begutachtet werden kann. Stattdessen kommt meine kleine Tochter Hatice mit einer Videokassette herein.

Sie schiebt die Kasette in den Rekorder und schreit so laut sie kann: »Nermin hat keine Lust, von tausend Bauern angeglotzt zu werden. Stattdessen hat sie dafür einen Drei-Minuten-Videoclip gedreht. Da könnt ihr euch dann ihren Alltag angucken. Aber geilt euch nicht zu früh auf, die ganzen Nacktszenen wurden schon von ihrer Freundin zensiert und rausgeschnitten!«

Zu Hiphopmusik sehen wir, wie sich Nermin morgens die Zähne putzt. Gurgeln. Spucken. Sie geht aufs Klo. Zum Glück macht sie noch die Tür zu (was bei ihr nicht ganz selbstverständlich ist). Nermin schneidet sich die Fußnägel. Nermin tönt ihren Schnurrbart dunkel. Sie drückt Pickel aus. Noch einen. Und noch einen. Nermin poliert ihre Piercingringe. Nermin mit Joghurt und Gurke im Gesicht. Nermin macht Gurkensalat mit Joghurt (Igitt). Nermin guckt Fernsehen und bohrt dabei telegen in der Nase.

»Wir danken für Ihre Aufmerksamkeit und Ihren Besuch. Auf Wiedersehen, Sie können jetzt gehen!«, steht zum Schluss geschrieben.

»Eine wunderschöne Frau! Eine tolle Schauspielerin!«, klopfen Hüsnüs Onkel ihm auf die Schulter. »Und dazu ist sie fast genauso hübsch wie Dieter Hallervorden!«

Um die leidige Zeremonie abzukürzen, rufe ich entnervt in die Runde: »Also ich bin mit den fünf Ford-Transits als Brautgeld einverstanden. Ihr könnt meine Tochter haben. Und für ein Fahrrad für meine kleine Hatice bekommt ihr auch noch meine Frau dazu!!«

Als die Gäste sich weigern zu gehen, ohne Nermin wenigstens einmal leibhaftig gesehen zu haben, wird sie von ihrer Mutter, die mittlerweile mit ihren Nerven auch am Ende ist, an ihren Piercings ins Wohnzimmer hereingezerrt.

»Ich will nicht! Ich will nicht heiraten!«, tobt Nermin völlig hysterisch, wobei ihr eine ihrer Gurkenscheiben von der Nase herunterfällt.

»Stell dich doch nicht so blöd an! Mir geht es doch genauso!«, grinst Hüsnü wie ein gebratener Hammelkopf und isst die Gurkenscheibe auf.

»Nein, ich will nicht! Ich mag keine langen Haare!«

»Schneide ich ab!«, ruft Hüsnü.

»Ich mag keine Bärte!«, schreit Nermin.

»Schneide ich ab«, knabbert Hüsnü an der zweiten Gurke.

»Ich hasse Schnurrbärte!«

»Schneide ich ab!«

»Ich mag auch keine Schwänze!«

»Schneide ich auch ab!«, leckt Hüsnü den Joghurt vom Fußboden.

»Mensch! Mann, kapierst du denn gar nichts! Ich kann Kerle nicht ausstehen! Ich bin stocklesbisch«, flucht Nermin.

»Ay kiz, trifft sich doch hervorragend«, kreischt Hüsnü, »ich finde ja auch Weiber zum Kotzen! Schließlich bin ich auch stockschwul!«

Coming out

»Vater, Mutter, es trifft sich gut, dass meine Geschwister nicht da sind. Ich muss mit euch alleine reden«, sagt meine älteste Tochter Nermin während des Mittagessens. »Es gibt da eine Sache ... ich möchte nicht, dass ihr es durch andere erfahrt.«

»Bist du etwa schon wieder durch die Führerscheinprüfung gefallen?«, fragt Eminanim entsetzt.

»Nein, das meine ich nicht!«

»Hast du den Häkelkurs nicht bestanden?«, frage ich beim Kauen.

»Nein, wo denkt ihr denn hin?! Was ich sagen wollte ist, ihr braucht mich nicht mehr einzusperren, ich will mit Männern sowieso nichts zu tun haben.«

»Ich bin stolz auf dich, Nermin. So gefällst du mir. Und so musst du bleiben, bis du nächstes Jahr deinen Onkelsohn Hüsnü heiratest«, sage ich zufrieden und wende mich an ihre Mutter: »Siehst du, Eminanim, meine Erziehungsmethoden sind doch erfolgreich. Was hast du mich kritisiert, dass ich meine Töchter immer zu Hause einsperre! Nermin wird nicht so ein Flittchen wie die Töchter von Hasan. Und erst recht nicht so 'ne Hure wie die vierzehnjährige Tochter von Karl. Die soll sogar schon einen festen Freund haben. Welch eine Schande für Karl und seine Familie.«

»Vater, ich werde weder Hüsnü noch sonst irgendeinen anderen Mann heiraten. Ich liebe nämlich nur Frauen!«

»Gut so, Nermin, ich finde es gut, dass du deine Freundinnen liebst. Aber der Hüsnü wird dir schon gefallen, wenn du ihn erst besser kennen gelernt hast.«

»Vater, du verstehst überhaupt nichts! Ich feiere heute mein Coming out!«

»Was feierst du? Habe ich etwa deinen Geburtstag vergessen? Wie alt wirst du denn?!«

»Osman, Nermin hat erst in vier Monaten Geburtstag, das müsstest du doch eigentlich wissen!«

»Vater, kapiere es doch endlich, ich bin homosexuell!«

»Rede nicht so einen Quatsch, Nermin. Du bist doch nur ein Mädchen, du kannst gar nicht schwul sein.«

»Ich habe auch nicht behauptet, dass ich schwul bin. Ich bin eine Lesbe!«

»Pfui, Nermin, schäm dich! Über diese armen Wesen macht man beim Mittagessen keine Witze«, ruft Eminanim empört.

»Gut, dann warte ich damit bis zum Abendessen. Aber im Ernst, das ist kein Witz. Ich bin wirklich lesbisch!«

»Ach, Nermin, das kommt dir nur so vor. Wenn sie in deinem Alter sind, glauben alle jungen Mädchen, dass sie ihre Freundinnen lieben. Aber werde erst mal eine richtige Frau, dann erledigt sich das Problem von selbst. Eminanim, sag mal, was gibt's zum Nachtisch?«

»Wie alt soll ich denn noch werden?! Ich bin doch schon achtzehn Jahre alt und kein Kind mehr!«

»Stimmt das wirklich, Eminanim? Ist Nermin schon achtzehn? Warum sagt mir denn keiner Bescheid? Ich dachte, sie wäre erst zwölf oder so.«

»Osman, du Rabenvater! Natürlich ist Nermin schon achtzehn Jahre alt. In vier Monaten wird sie sogar schon neunzehn. In ihrem Alter hatte ich bereits mehrere Kinder.«

»Genau, ich bin kein Kind. Ich habe schon seit sechs Jahren meine Regel.«

»Ruhig, Nermin, so was sagt man nicht beim Essen. Schäm dich«, bringt Eminanim sie empört zum Schweigen.

»Nein, Mutter, heute ist mein Coming out! Heute nehme ich kein Blatt vor den Mund!«

»Seid jetzt ruhig, ihr beiden! Ich will jetzt endlich meinen Nachtisch haben.«

»Ach, Osman, warum musstest du ihr denn auch verbieten, mit Männern auszugehen?! Du bist schuld, dass sie jetzt rumspinnt!«

»Darauf habe ich gewartet, dass du versuchst, die ganze Schuld auf mich abzuwälzen. Wenn ich ihr als Vater verbiete, mit Männern auszugehen, dann heißt das doch nicht, dass sie gleich lesbisch werden soll. Du erlaubst mir ja auch nicht, mit anderen Frauen auszugehen; deswegen werde ich doch nicht gleich schwul! Aber beruhige dich, Eminanim, das Kind ist bestimmt nicht lesbisch. Sie hat einfach noch nicht den richtigen Mann gefunden.«

»Aber wie soll das arme Ding denn den richtigen Mann finden, wenn sie nicht das Haus verlassen darf?! Du hast Nermin doch alles verboten!«

»Sollte ich vielleicht mit ansehen, wie sie sich mit Männern rumtreibt?! Alle Nachbarn, die Erkek Fatma zuerst, hätten sofort gelästert, die Tochter von Osman ist 'ne billige Hure!«

»Jetzt werden sie lästern, die Tochter von Osman ist 'ne billige Lesbe!«

»Eminanim, deine Tochter kann so viel rumspinnen, wie sie will. Aber sorgt dafür, dass die Nachbarn nichts davon erfahren. Außerdem ist meine Tochter garantiert nicht lesbisch. Sie hat höchstens zu viele männliche Hormone von mir abgekriegt!«

»Das ist völlig unlogisch, Osman. Du hast ja nicht mal genug für dich selbst«, stichelt die zweitgrößte Nervensäge des Mittleren Orients gehässig.

»Ach, Nermin, hör nicht auf deine dumme Mutter. Ich glaube, du wirst wieder ganz normal, wenn du erstmal mit Hüsnü verheiratet bist.«

»Nie im Leben! Keiner kann mich dazu zwingen! Erst ein paar Kinder kriegen und dann ein Leben lang den Kredit für die Wohnung abbezahlen. Da kann ich mich ja gleich lebendig begraben lassen. Dieses langweilige Spiel des institutionalisierten Patriarchats werde ich niemals mitmachen! Eure Ehe reicht mir als abschreckendes Beispiel vollkommen. Ihr Heteros, ihr!«

»Nermin, schämst du dich nicht, deine Eltern so zu beschimpfen?! Wir sind keine Hotoros, wir sind Türken! Sag, Frau, wo hat Nermin all den Quatsch aufgeschnappt? Du erzählst mir immer, sie sei mit vielen netten Mädchen zusammen in einem Häkelkurs.«

»Ich mache ja schon seit Jahren in der Gruppe mit«, sagt Nermin trotzig. »Aber in der lesbischen Jugendgruppe! Ich stehe dazu. Soll ich etwa wie meine Tante Güllü ewig ein Doppelleben führen?!«

»Ich hab's gewusst, Eminanim, ich hab immer geahnt, dass mit deiner Schwester etwas nicht stimmt. Immer wenn ich ihr in den dicken Hintern kneife, scheuert sie mir eine.«

Klaaaaaaattsch!!

»Auuaaaa, Eminanim, was soll denn das?! Das ist doch schon so lange her! Außerdem, deine Sippschaft versaut mir alle meine Kinder! Güllü, diese lesbische Schlampe, hat ab sofort Hausverbot!«

»Lass meine Schwester da raus, du geiler Bock! Nur deinetwegen hassen alle Frauen aus meiner Familie die Männer. Wegen dir werden alle lesbisch.«

»Ja, ja, jetzt bin ich auch noch daran schuld!«

»Wer weiß, vielleicht bin ich ja auch schon lesbisch und weiß es noch nicht!«

»Hört doch auf mit eurem Krach!«, unterbricht uns Nermin. »Ich bin bereits überzeugte Gegnerin der Hetero-Ehe. Zum Beispiel wette ich, dass du bei Mutter noch nie den G-Punkt gefunden hast!«

»Nermin, stell deinem Vater doch nicht so schwierige Fragen. Seit Jahren findet er ja nicht mal mich im Bett, wie soll er dann den G-Punkt finden?! Außerdem weiß er nicht mal, was das ist!«

»Hört doch mit diesem Weiber-Quatsch auf, ihr Wichtigtuer!«, brülle ich dazwischen und bringe die beiden Tratschmäuler zum Schweigen. »Ich will jetzt endlich meinen Nachtisch!«

»Ob es euch gefällt oder nicht, ich kann auch nichts daran ändern. Findet euch damit ab: Ich bin lesbisch!«

»Nermin, mein Kind, von mir aus kannst du so viel rumspinnen wie du willst. Hauptsache, die Nachbarn erfahren nichts davon. Solange du dich nicht mit anderen Männern triffst, kannst du auch weiterhin deinen komischen Häkelkurs besuchen. Aber nächsten Sommer heiratest du den Hüsnü, dann macht ihr ein paar Kinder und zahlt den Kredit für die Wohnung ab, so wie es sich gehört!«

»Verdammt noch mal, Vater, warum nimmst du mich die ganze Zeit nicht ernst?! Ich will keinen Mann! Ich bin lesbisch! Ich liebe nur Frauen!«

»Aber Nermin, das kannst du doch nicht machen! Das ist ein Verbrechen gegen die Natur! Was glaubst du eigentlich, wofür Allah den Mann erschaffen hat?!«

»Ganz einfach: Weil ein Dildo nicht in Halle 4 arbeiten kann!«

Silvester auf der B 278

Heute ist einer der wenigen Tage im Jahr, an denen ich wahrscheinlich keine angebrannte Bohnensuppe zu essen bekomme. Heute ist Silvester!

Ich habe die Familie eines alten Freundes weit draußen auf dem Dorf besucht und jetzt fahre ich freudig erregt auf der Landstraße nach Hause. Ich bin schon um dreiundzwanzig Uhr von meinen Freunden weggefahren, damit ich garantiert vor Mitternacht daheim bin.

Es gibt die anatolische Redensart: Wie man in das Jahr hineinkommt, so geht es auch weiter. Deshalb möchte ich das neue Jahr mit leckerem Essen und attraktiven Frauen beginnen. Eminanim hat nämlich ein halbes Dutzend hübscher, lediger Freundinnen zur Silvesterfeier eingeladen. Sie bringt mich um, wenn ich nicht rechtzeitig vor Mitternacht zu Hause bin. Ich trete das Gaspedal bis zum Anschlag durch!

Mein tiefer gelegter 68er Ford-Transit legt sich in die Kurven wie eine Formel-1-Maschine. Auf der einsamen Landstraße rase ich mit 63,5 Stundenkilometern durch die winterliche Nacht. Die Bäume rechts und links fliegen förmlich an mir vorbei. Endlich kann ich mal nachempfinden, wie sich ein Michael Schumacher fühlt.

Und prompt lande ich in einer Verkehrskontrolle. Die Straße ist voll abgesperrt und mehrere Polizeiautos mit Blaulicht stehen quer. War ja klar, dass die Bullen am Silvesterabend nach Alkoholsündern Ausschau halten. In Sekundenschnelle überschlage ich, was ich heute Abend getrunken habe. Über ein Dutzend Tassen Tee. Ob sich so viel Tee im Geschwindigkeitsrausch in Alkohol verwandelt?

Ich fahre langsam bis an die Polizeisperre heran. In dieser Fahrtrichtung bin ich der Einzige, der wartet. Es sind nur noch dreißig Minuten bis Mitternacht. Aber die Polizisten werden mich wohl nicht festhalten, denn Teesucht steht ja bisher noch nicht unter Strafe.

Bei Allah, das gibt's doch nicht! Ein Toter!

Knapp zwei Meter vor mir liegt ein toter Mensch mitten auf der Fahrbahn. Alles ist voll Blut! Ein grauenhafter Unfall ist hier passiert. Ein roter BMW hat sich um einen Baum gewickelt.

Es sind nur noch sechsundzwanzig Minuten bis zum neuen Jahr. »Hallo, dürfte ich bitte vorbeifahren? Ich werde dringend zu Hause erwartet«, rufe ich einem der vielen Polizisten zu, aber er schaut mich nicht mal an. Die sind gerade dabei, die Spuren zu sichern. Der Notarztwagen ist immer noch nicht da, aber gleich zwei Kamerateams vom Privatfernsehen. Unter den Gaffersendungen herrscht ja ein schrecklicher Konkurrenzkampf.

Jetzt wieder zurückzufahren und einen anderen Weg nach Hause zu suchen, dafür habe ich keine Zeit mehr. Mir bleiben nur noch dreiundzwanzig Minuten. In der Ferne sehe ich schon, wie das Feuerwerk über der Stadt immer farbiger und heftiger wird.

Bei Allah, mit gutem Essen und schönen Frauen wollte ich das neue Jahr beginnen lassen. Und jetzt empfange ich es wohl zusammen mit diesem toten BMW-Fahrer, der zwei Meter vor mir auf der Straße liegt.

Was will das Schicksal mir damit sagen?

Werde ich es wohl das ganze Jahr über mit Toten zu tun haben? Oder werde ich bald selbst den Löffel abgeben?

»Bitte, bitte, Herr Polizist, lassen Sie mich vorbeifahren«, flehe ich einen der Beamten aus dem Seitenfenster an, »ich werde auch ganz vorsichtig dran vorbeifahren. Bei dem Mann kann ich sowieso nicht mehr viel falsch machen. Die Leiche ist ohnehin schon tot!«

Er hat mich offensichtlich nicht gehört, er läuft zu dem Rettungswagen, der mit großem Gejaule aus der anderen Richtung kommt. Alle Kamerateams stürzen sich auf den Notarzt.

Ich habe nur noch sechzehn Minuten!

Hinter mir hat sich bereits eine riesige Schlange gebildet. Ich bin nicht der Einzige, der von dem neuen Jahr nichts Gutes zu erwarten hat!

Ich sitze wie auf glühenden Kohlen! So unangenehm empfand ich es schon lange nicht mehr, hinter dem Steuer meines geliebten Ford-Transits zu sitzen.

Das sinnlose Geballer über der Stadt ist selbst hier draußen gut zu hören.

Die Zeit vergeht und ich hocke zusammen mit einem Toten auf der B 278. Mir bleiben nur noch sieben Minuten. Jetzt kann mich nicht mal mehr ein Wunder retten.

»Bitte, bitte, lasst mich doch vorbei!«, schreie ich weinerlich. »Ich verspreche, dass ich nie mehr andere Frauen anschauen werde, nicht mal meine eigene! Bitte, gebt eurem Herzen einen Stoß und lasst mich das neue Jahr wenigstens nicht mit einem Toten empfangen! Lasst mich durch, lasst mich durch, ich will hier weg!«

Beide Kameras drehen sich nach mir um, was man von den Polizisten nicht behaupten kann. Für eine Sekunde hatte ich sogar das Gefühl, selbst der Tote hätte mich erhört, aber diese Männer in Grün nicht.

Es ist zum Verrücktwerden! Wegen ein paar besoffenen halbstarken Bauernburschen, die mit ihrem zwei Tage alten Führerschein nachts in die Landdisko rasen, darf ich am Silvesterabend mitten auf der Straße Totenwache halten.

Die Glocken der Dorfkirchen ringsrum fangen an zu läuten. Wir haben leider bereits Mitternacht. Die Knallerei über der Stadt hat ihren Höhepunkt erreicht. Genau in dem Moment lassen einige der Polizisten Sektkorken knallen.

Unter lautem Gebrüll stoßen sie auf das neue Jahr an. So abgebrüht möchte ich auch mal sein, um auf das Wohl einer frischen Leiche zu trinken.

Plötzlich bin ich der Ohnmacht nahe, als ich sehe, dass die Leiche aufsteht und sich zwei Sektgläser besorgt. Blutverschmiert kommt der Tote auf mich zu, drückt mir ein Sektglas in die Hand und ruft gut gelaunt:

»Mann, Sie haben aber toll mitgespielt! Wir wollten unter möglichst realistischen Bedingungen diesen Verkehrsunfall am Silvesterabend nachstellen. Vielen Dank für Ihre Mitarbeit und übrigens frohes neues Jahr!«

Ich zittere vor Wut am ganzen Körper wie ein nasser Hund!

»Gleich bekommst du es noch realistischer, du Idiot!«, belle ich. Wer hätte vor einer Stunde schon daran gedacht, dass ich das neue Jahr als Mörder beginne?!

Ein rabenschwarzer Tag

Mein Franz-Josef streikt schon wieder. Er ist dickköpfiger und sturer als der bockige Esel meiner Großeltern im Kaukasus. Ich habe fürchterliche Angst, dass mich Allah auf meine alten Tage noch zu einem bestialischen Ford-Transit-Mörder werden lässt. Ich muss mich zu unglaublicher Selbstdisziplin zwingen, um ihm nicht alle Räder und Lampen auszubauen und ihn nachts mitten auf einer Kreuzung alleine stehen zu lassen. Ich weiß, so was macht man nicht mal mit der untreuen Ehefrau. Obwohl der Prophet ausdrücklich erlaubt hat, dass man alle Ford-Transits so bestrafen darf. Aber solch finstere Gedanken kommen doch manchmal in mir auf, wenn ich wie heute zwei Haltestellen weit laufen muss, um der Mistkarre nicht den Triumph zu gönnen, mich frühmorgens auf den Linienbus warten zu sehen.

Es ist kurz vor fünf und außer mir steht nur ein gut gekleideter Herr an der Bushaltestelle. Er hat einen schwarzen Aktenkoffer zwischen den Beinen eingeklemmt. Vielleicht ist der Koffer gar nicht schwarz, sondern gelb oder grün. Aber ich sehe alles schwarz, wenn mitten in der Nacht mein Wagen nicht anspringt und ich in klirrender Kälte auf den Bus warten muss. Der Bus wird bestimmt auch schwarz sein. Der Fahrer kommt aus Uganda, die Fahrgäste werden Bergarbeiter sein und der Kontrolleur ist Gründungsmitglied der CSU. Und ich werde mich schwarz ärgern, weil der schwarze Kontrolleur mich beim Schwarzfahren erwischt. Das wird halt ein rabenschwarzer Tag werden.

Mich sollte es überhaupt nicht überraschen, wenn heute Mond- und Sonnenfinsternis am gleichen Tag stattfinden.

Selbst ein Weltuntergang würde mich heute nicht sonderlich stören. Insgeheim wünsche ich es mir sogar. Und wenn schon die Welt untergehen soll, dann doch lieber vor der Arbeit. Ich hasse die Frühschicht! Ich muss zur Arbeit, noch bevor mein Sohn Mehmet von der Disko nach Hause kommt!

Wenn ich wenigstens mit meinem Franz-Josef zur Arbeit fahren könnte. Aber ich bete zu Allah, dass es mir vergönnt sei, vor meinem letzten Atemzug alle Ford-Transits im Erdboden versinken zu sehen. Und genauso kommt es dann auch: Zwar geht nicht gleich die ganze Welt unter, aber in wenigen Sekunden wird der schwarze Aktenkoffer des gut gekleideten Herren unter schaumigen Wasserfluten begraben sein. Denn in der Bäckerei hinter uns ist die Putzfrau gerade mir ihrer Arbeit fertig und schüttet einen riesengroßen Eimer dreckiges Wasser vor die Tür, ohne vorher zu schauen, ob da jemand an der Bushaltestelle steht. Eigentlich hat sie ja Recht! Wer ist normalerweise schon so blöd und steht zu dieser unmöglichen Uhrzeit auf der Straße rum? Ich lasse alles stehen und liegen und stürze mich auf den Aktenkoffer, um ihn vor den heranbrausenden Wassermassen zu retten.

Da endlich bemerkt auch die Putzfrau ihren Fehler und kreischt:

»Hey, hey, hey, passen Sie auf Ihren Aktenkoffer auf!« Ich habe die Tasche schon am Griff, um sie hochzuheben, da lässt sich der gut gekleidete Herr wie ein Sack auf den Boden fallen und begräbt den Aktenkoffer unter sich.

Triumphierend ruft er der Putzfrau zu:

»Danke für die Warnung! Ich habe den Verbrecher genau im Griff! Rufen Sie bitte sofort die Polizei an!«

Und da passiert es auch schon: Aktenkoffer, Hose, Schuhe und Mantel des Herren werden klitschnass. Er klammert sich an meinen Beinen fest, wie ein Nichtschwimmer, der Angst vor dem Ersaufen hat. Bevor ich noch irgendwas erklären kann, ist schon die Polizei da. Aha, auch neu! Frühmorgens soll man die also rufen, damit sie kommen! Oder in akzentfreiem Deutsch!

»Sie können mich gerne als Zeugin aufschreiben«, ruft die Putzfrau, »ich habe alles gesehen! Mit einem Eimer Wasser habe ich versucht, dem Kerl den Weg abzuschneiden.«

»So war es wohl«, schimpft der nass gekleidete Herr, »jetzt habe ich zwar einen Aktenkoffer, der von innen und außen nass ist, aber das ist mir immer noch lieber als gar kein Aktenkoffer.«

»Um die Anzeige aufzunehmen, bringen wir Sie alle jetzt zur Polizeiwache«, meint einer der beiden Beamten.

»Tut mir leid, dafür habe ich jetzt echt keine Zeit. Mir ist ja nichts geklaut worden, ich muss ins Büro«, ruft der nasse Mann und klettert in meinen Linienbus. Noch bevor ich ihm hinterherspringen kann, packen mich die Beamten am Kragen und schmeißen mich auf den Rücksitz ihres Wagens.

»Lassen Sie mich los! Ich muss zur Arbeit! Mein Meister Viehtreiber versteht keinen Spaß!«

»Wir auch nicht! Du kommst jetzt schön mit zur Wache.«

»Ich schwör's, ich bin unschuldig! Ich habe nichts Böses getan. Ich wollte dem Mann doch nur helfen. Ich wollte bloß seine Aktentasche vor dem Ertrinken retten.«

»Ja, ja, die Geschichte hören wir jeden Tag zehnmal. Das Märchen erzählen uns auch all die unschuldigen Dealer, die wir täglich schnappen!«

»Also gut«, gebe ich auf, »ich gönne Ihnen das Erfolgserlebnis. Fahren Sie bitte möglichst schnell zur Wache. Ich muss dringend aufs Klo. Mein Magen verträgt keine Aufregung.«

Plötzlich bekommen die beiden über Funk irgendwelche Anweisungen und wir rasen mit Blaulicht und Sirene durch die Nacht. Es ist das erste Mal in meinem zweiundfünfzigjährigen Leben, dass ich unter Polizeischutz mit Blaulicht und Sirene zum Klo gefahren werde. An den Luxus könnte man sich gewöhnen.

»Harry, halt den Wagen an! Wir müssen erst unseren kleinen Taschendieb da hinten loswerden«, ruft der Beifahrer. Mit quietschenden Reifen kommt der Wagen zum Stehen.

»Halt, ihr könnt mich doch nicht hier am Ende der Welt einfach rausschmeißen! Wie soll ich denn von hier zur Fabrik kommen? Nehmt mich wenigstens bis zur nächsten Toilette mit!«

In einer kalten Winternacht stehe ich in der Morgendämmerung einsam und allein auf einer gottverlassenen Landstraße. Und dazu muss ich auch noch dringend aufs Klo. Wie komme ich hier jetzt bloß weg? Seit zehn Minuten ist kein Mensch mehr vorbeigefahren. Nirgendwo ist eine Telefonzelle, um ein Taxi zu rufen. Und das alles nur wegen meines sturen Franz-Josef!

Rechts und links von der Straße ist alles eingezäunt. Außer der Landstraße gibt es keine Stelle, wo ich meine Notdurft verrichten könnte, ohne die neuen Arbeitsschuhe zu verdrecken.

Total wütend lasse ich mitten auf der Straße meine Hosen runter. Es ist ohnehin keine Menschenseele ringsum. Da sehe ich plötzlich von weitem zwischen den Bäumen einen weiteren Polizeiwagen kommen. Sofort ziehe ich meine Hose hoch und lege blitzschnell meinen Hut auf den großen Haufen, sodass nichts mehr zu sehen ist.

»Was machen Sie denn hier mitten auf der Fahrbahn?«, fragt einer der beiden Polizisten verschlafen aus dem Beifahrerfenster. »Und warum liegt dieser Hut da auf der Straße?«

»Mein kleiner Kanarienvogel ist gestern Abend weggeflogen. Und nach langer Verfolgungsjagd habe ich ihn gerade erwischt und meinen Hut draufgelegt.«

»Das ist ja wohl ein Fall für Profis«, sagt der andere Polizist angeberisch, »niemand kann entflohene Gefangene besser einfangen als wir beide!«

»Oh, da wäre ich Ihnen aber sehr dankbar, wenn Sie das für mich tun könnten.«

Leisen Schrittes entferne ich mich von dem nach allen Seiten offenen Straßenklo, während die beiden Polizisten meinen frischen Haufen, genannt »der kleine Kanarienvogel«, zu fangen versuchen. Unauffällig klettere ich über den Weidezaun und beobachte aus sicherer Entfernung, wie die beiden vor meinem Hut knien. Sie breiten ihre Arme weit aus, als würden sie mitten auf der Straße einen griechisch-römischen Ringkampf vorführen.

Während ich immer weiter in den Wald hineinlaufe, höre ich einen der Polizisten rufen:

»Du, Manfred, bei drei hebst du den Hut hoch und ich schnappe mir den Vogel. Eins ... zwei ... drei ... Schei-ßeeeee!!«

Osman, der Entführer

Der Franz-Josef streikt immer noch. Mein Ford-Transit ist genauso dickköpfig wie sein Namensvetter, der damals die Redaktion einer Zeitschrift besetzen ließ, weil sie schlimme Sachen über ihn geschrieben hatte. Seitdem mein Auto Franz-Josef kaputt ist, fahre ich mit Hans zur Arbeit. Ein Glück, dass es in diesem Land nicht nur Franz, sondern auch Hans gibt.

Jeden Morgen fahre ich zusammen mit meinem Arbeitskollegen Hans zur Halle 4. Ich brauche nur bis zum Ende des Karnickelwegs zu laufen und an der Hauptstraße gabelt er mich dann auf. Um in seinen schwarzen Mercedes einsteigen zu dürfen, muss ich ihm weder schöne Augen machen noch meinen Minirock hochziehen. Denn bei einer richtigen Männerfreundschaft werden keine Gegenleistungen verlangt. Selbstverständlich gebe ich ihm jeden Tag auf der Arbeit drei Tassen Kaffee aus und einmal im Monat ist Waschen, Polieren und Volltanken angesagt. Und das gilt nicht nur für den Wagen! Die vier Winterreifen, die ich ihm vorige Woche kaufen durfte, waren letzten Endes immer noch billiger als ein neues Auto für mich.

Kaum biege ich vom Karnickelweg in die Hauptstraße, da sehe ich mit halbem Auge von hinten den schwarzen Mercedes heranschleichen. Fast jeden Tag treibt er mit mir das gleiche Spiel: Er versucht mir mit dem Überbleibsel seines abgebrochenen Sterns in den Hintern zu pieksen. Aber diesmal bin ich schneller. Blitzartig drehe ich mich um, reiße die Beifahrertür auf und springe rein.

»Hahahaa, heute hab ich dich reingelegt! Endlich habe ich dich erwischt! I am the King!«, rufe ich in morgendlicher Siegerlaune. Und stelle dann völlig entsetzt fest, dass mir die Überraschung voll und ganz gelungen ist. Auf peinlichste Art und Weise wird mir klar, dass es offensichtlich noch andere schwarze Autos mit abgerissenem Stern in unserer Stadt gibt. Denn am Steuer sitzt nicht mein Kollege Hans, sondern ein langhaariger, blonder Mann mit schwarzer Sonnenbrille, den ich noch nie im Leben gesehen habe.

Bei Allah, ist das peinlich! Was soll ich jetzt bloß machen? Wie komme ich hier wieder raus?! Mich entschuldigen und sofort wieder rausspringen? Ich muss unbedingt etwas tun, bevor der Fahrer mich verprügelt oder der Polizei ausliefert.

»Bitte, bitte, tun Sie mir nichts an! Ich werde auch alles machen, was Sie von mir verlangen!«, fleht mich plötzlich der langhaarige Fahrer mit weinerlicher Stimme an.

Mir fällt absolut nichts ein, was ich sagen soll! Und sage deshalb:

»...?!« Also nichts!«

»Bitte erschießen Sie mich nicht«, stottert der alt gewordene Hippie. »Ich habe Frau und Kinder! Bitte lassen Sie mich am Leben!«

Bevor ich heute Morgen aus dem Haus ging, sagte meine Frau wie jeden Tag: »Osman, schau doch mal in den Spiegel! Mit den Bartstoppeln und den ungepflegten Haarresten siehst du heute wieder aus wie ein Terrorist!«

Ich schaue natürlich nie in den Spiegel, aber anscheinend hat sie heute doch ein bisschen Recht gehabt.

Also, die menschliche Psyche ist mir immer ein Rätsel geblieben. Noch vor wenigen Sekunden, als ich diesen fremden Mann am Steuer neben mir erblickte, hätte ich mir vor Schreck fast in meine blaue Arbeitshose gemacht. Aber jetzt höre ich mich cool und selbstbewusst sagen:

»Fahr los! Ich sag's dir schon, wo es langgeht!«

Ich stecke meine rechte Hand in die Jackentasche und ziele mit dem Haustürschlüssel auf ihn, um meinen Worten mehr Kraft zu verleihen. Obwohl das gar nicht nötig wäre. Aber so bin ich nun mal, was der Osi will, das macht der Osman richtig!

»Wie soll ich denn fahren?«, fragt der Hippie, »Rechts, links oder geradeaus?«

»Quatsch nicht so viel! Solange ich dir nichts sage, fährst du geradeaus! Und versuch erst gar nicht, dir mein Gesicht zu merken, denn dass die Haare und der Schnurrbart nicht echt sind, das kannst du dir wohl denken!«

»Aber Sie haben doch gar keine Haare.«

»Eben, deshalb ja!«

Das macht ja total Spaß! Entführer zu spielen ist viel spannender als jeder Krimi im Fernsehen. So was sollte ich öfter machen! So macht der Weg zur Arbeit richtig Freude! Im Gegenverkehr sehen wir plötzlich einen Polizeiwagen näher kommen.

»Kein Mucks! Keine auffälligen Bewegungen«, flüstere ich, »es ist besser für dich, wenn die Bullen nichts merken! Erst gestern habe ich drei von den Typen weggeblasen«, und ziele mit dem Haustürschlüssel in der Jackentasche genau auf seinen Kopf. Wie der Zufall so spielt, hält an der nächsten Ampel direkt neben uns ein kleiner Fiat mit acht Italienern. Der Beifahrer kurbelt das Fenster runter und fragt mit starkem Akzent:

»Prego, Amigo, du wissen, wie kommen zum Friedhof?«

Mein Fahrer hält das Wort »Friedhof« für eine Andeutung und stottert mit Schweißperlen auf dem Gesicht:

»Ich . . . öh . . . ich fahren . . .«

»Du fahren zum Friedhof, Amigo? Gut, du fahren, wir folgen, hihahoo«, zeigt der Italiener seine Goldzähne.

»Los, fahr schon los«, sage ich zu meinem Fahrer, der kurz vor dem Herzinfarkt steht. »Die Kerle kenne ich, das sind Leonardo, Valentino, Paolo, Ricardo, Roberto, Silvio, Sergio« – da mir keine italienischen Namen mehr einfallen, sage ich: »und Memo! Die Jungs sind von der Konkurrenz. Also keine Aufregung!«

Als wir wenig später an einer Sparkasse vorbeikommen, rufe ich:

»Halt mal kurz vor der Bank an. Warte hier mit laufendem Motor auf mich. Ich muss mal kurz etwas Geld besorgen. Meine tägliche Ration, du weißt, was ich meine! Hoppla, fast hätte ich meine Maschinenpistole vergessen.« Ich klemme mir meine Arbeitstasche unter den Arm, in der meine Thermoskanne und die Pausenbrote mit viel Kümmel und Knoblauch drin sind. Obwohl ich mir ganz sicher bin, dass mein Fahrer sofort verschwinden wird, vermutlich für immer aus der Stadt, sage ich weiter im besten, männlichsten Arnold-Ton: »Ich bin sofort wieder da! Hasta la vista, Baby!«

Über eine Viertelstunde stehe ich in der Schlange, bis ich die fünfzig Euro von meinem Konto abheben kann. Das ist die höchste Summe, die ich ohne das Einverständnis meiner Frau abheben darf.

Vergnügt, laut pfeifend laufe ich von der Sparkasse zur Bushaltestelle, da höre ich zu meiner Verwunderung meine langhaarige Geisel von vorhin:

»Hier drüben, Herr Entführer, hier steht der Wagen.« Er hat den Mercedes ordentlich auf dem Besucherparkplatz geparkt. »Schnell, schnell, Herr Entführer, bevor die Polizei kommt!«

Ich steige wieder in den schwarzen Wagen.

»Gut, dass du gar nicht erst versucht hast zu flüchten. Sonst wärst du jetzt auch ein toter Mann!«

»Weil es so lange gedauert hat, habe ich uns zwei Portionen Pommes besorgt. Ich hoffe, die bei der Bank haben Ihnen keine Schwierigkeiten gemacht! Wollen Sie Ketchup oder Majo?«

»Ach, kaum der Rede wert«, sage ich cool, »ich musste zur Abschreckung nur zwei Kassierer platt machen.«

»Gut, dass alles so glatt abgelaufen ist«, sagt er erleichtert, »ich hatte mir schon ein bisschen Sorgen um Sie gemacht. Ich werde ja schließlich auch nicht jeden Tag gekidnappt.« Dann fügt er fröhlich hinzu: »Wo bringen wir jetzt den Wagen hin? Nach Polen, Serbien oder in den Libanon?«

»Nirgendwohin«, sage ich, »ich habe da einen kapitalen Fehler gemacht! Einen Mercedes ohne Stern kauft mir auf der ganzen Welt doch kein Schwein ab!«

Als wir an der Halle 4 vorbeikommen, rufe ich erneut in meinem besten Arnold-Ton:

»Fahr rechts ran, ich habe hier einen Job zu erledigen! Du fährst jetzt geradeaus weiter, ohne nach hinten zu schauen. Hasta la vista, Baby!« Aber meine sonst so brave Geisel ignoriert mich völlig und biegt auf den Werksparkplatz ein.

»Hey, du Hippie, was soll das?«, frage ich verwirrt.

»Was ist los, Osman, hast du heute keine Lust, in Halle 4 zu arbeiten?«

»Wie? Was? Osman? Halle 4? Woher weißt du denn alles über mich?«, stottere ich.

»Ach, Osman, ich wollte dich mit der Perücke von meiner Frau doch nur ein bisschen auf den Arm nehmen, aber du hast dich aufgeführt wie ein größenwahnsinniger Vollidiot«, sagt mein Fahrer plötzlich mit einer tiefen, mir wohl bekannten Stimme. Meine ehemalige Geisel nimmt ihre langen blonden Haare und die schwarze Sonnenbrille ab und zum Vorschein kommt mein langjähriger Arbeitskollege Hans.

Bei Allah, diese Situation ist um ein Vielfaches peinlicher als vorhin beim Einsteigen.

»Du, Hans, bitte kein Sterbenswörtchen davon an die Kollegen! Bitte nicht petzen«, flehe ich ihn auf dem Parkplatz auf Knien an. Und im besten und niedlichsten Heidi-Ton zwitschere ich: »Ich kaufe dir auch nächsten Monat vier neue Sommerreifen!«

Gott und die Welt

Gott, ist das heute Abend kalt!

Ich habe einen neu eröffneten Schnäppchen-Laden besucht, oder besser gesagt, ausgeraubt, und versuche mit meiner Beute zu meinem Ford-Transit zurückzukommen. Ich habe zwei Dutzend Teegläser, eine Thermoskanne und einen großen Spiegel gekauft. Meinen Wagen hatte ich vor einer Stunde extra eine Straße weiter abgestellt. Ich parke meinen Franz-Josef nämlich immer nur vor Edel-Boutiquen. So wie Aldi. Es ist bereits stockdunkel und es schneit immer noch. Der Bürgersteig ist spiegelglatt. Ich taste mich ganz langsam vorwärts und muss die Tüten und meinen Bauch dabei so balancieren, dass ich nicht auf die Nase falle.

Dem aufmerksamen Leser wird natürlich nicht entgangen sein, dass ich oben »Gott« statt »Allah« gesagt habe. Der Grund dafür ist ganz einfach. Nein, nein, ich habe nicht meinen Glauben gewechselt. Das kann ich gar nicht. Was nicht da ist, kann man auch nicht wechseln! So weit geht die Integration auch wieder nicht! Ich habe diesmal ganz bewusst »Gott« gesagt, denn für die kälteren Regionen auf diesem Planeten ist »der liebe Gott« zuständig. Und für Urlaubsgebiete hat »Allah« die Verantwortung. Das ist auch der Grund, warum in diesen sonnigen Gegenden alles immer noch so aussieht wie am ersten Schöpfungstag. Denn dort ist das Volk samt seinem Schöpfer in einen ewigen unbezahlten Urlaub getreten.

Wegen der schweren Tüten und der eisigen Kälte haben meine Finger nach wenigen Metern ihren Geist aufgegeben. Die fehlenden Straßenlaternen ersparen mir einen Schock.

In der Dunkelheit kann ich zum Glück nicht sehen, wie meine Finger blau anlaufen. Wie ein Seiltänzer im Circus erreiche ich mit viel Mühe meinen Ford-Transit. Ich stelle die Tüten oben aufs Dach und versuche meinen Fingern wieder etwas Leben einzuhauchen. Oh Gott, auch das noch! Das Schloss ist total vereist! Der Schlüssel geht mit viel Mühe rein, aber die Tür nicht auf. Dies trotzige Verhalten kann ich meinem armen Franz-Josef nicht mal übel nehmen. Über eine Stunde habe ich ihn mutterseelenallein in einem wildfremden Stadtteil im Eisregen stehen lassen. An seiner Stelle würde ich die Tür auch nicht aufmachen. Schon aus Prinzip! Ich wärme den Schlüssel, das Türschloss und meine Finger mit dem Feuerzeug und versuche es noch ein paarmal. Nichts tut sich!

Nach einer Viertelstunde hat das Feuerzeug kein Benzin mehr. Die Plastikummantelung des Schlüssels und meine Fingernägel sind geschmolzen. Aber das Türschloss gibt immer noch keinen Mucks von sich. Nur so aus Prinzip. Ich frage einen anderen halb erfrorenen Autofahrer, ob er mir ein paar Tropfen Türschlossenteiser leihen kann. Der gute Mensch kann sogar seine Finger bewegen, um mir das Fläschchen zu geben. Ich spritze den ganzen Inhalt ins Schloss. Aber mein Franz-Josef lässt sich von fremden Türschlossenteisern nicht umstimmen. Ich sagte bereits, deutsche Autos haben Prinzipien.

Gott, ist das heute Abend wieder kalt!

Nach meinem Empfinden haben wir mindestens 125 Grad minus! Nach Franz-Josefs Empfinden 225 Grad. Ich bin nie dahinter gekommen, wofür sie gut sein soll, diese Eiseskälte! Aus welchem Grund tut der liebe Gott einem so was an? Mir ist es egal, ob er nun Allah oder Gott heißt. Es gibt sowieso nur einen! Das habe ich jedenfalls in dem türkischen Fachmagazin Hürriyet gelesen. Ein Spezialist für religiöse Angelegenheiten erzählte dort: »Es kann nur einen Allah geben!

Denn wenn es mehrere geben würde, dann würden die sich doch den ganzen Tag darüber streiten, was es für ein Wetter morgen geben soll. Der eine würde Hochsommer machen wollen und der andere Eisregen. Das gibt's nicht! Deswegen gibt es nur einen Gott! Das finde ich sehr einleuchtend. Aber warum will er eigentlich, dass wir uns in Deutschland den Arsch abfrieren? Und die armen Araber müssen dafür die ganze Zeit schwitzen.

»Versuchen Sie es mal mit heißem Wasser«, sagt der Mann, der jetzt keinen Tropfen Türschlossenteiser mehr hat.

»Prima Idee«, lispele ich. Der Kerl kann noch denken. Mir ist inzwischen alles eingefroren. Inklusive dem Gehirn! Ich balanciere ganz vorsichtig zu einer Haustür und klingele.

»Entschul ...«

Klatsch! Die Tür geht wieder zu! Ich wackele und rutsche ein Haus weiter.

»Entschuldi ...«

Patsch! Ich krieche auf allen vieren zum nächsten Haus.

»Entschuldigung ...«

Klatsch! Toll! Der hat mir wenigstens gestattet, mich für meine Unverschämtheit zu entschuldigen.

Die nächste Tür öffnen drei hübsche Japanerinnen gleichzeitig. Bei diesem Sauwetter laufen sie nur in Unterwäsche rum. Mir wird ganz warm ums Herz.

»Wir nix können helfen!«, zwitschern sie und stehen lächelnd in der Tür.

»Danke! Ihr habt schon mehr als genug getan«, sage ich.

»Du nicht wollen reinkommen?«

»Ich nicht können, mir alles eingefroren! Tot wie Schneemann!«, antworte ich mit japanischem Akzent.

»Nix Problem. Wir Profis, wecken Tote auf!«

»Na gut. Dann kommt mal mit zu meinem Ford-Transit.« Endlich hilft mir jemand!

Klatsch!

Bei den Deutschen geht das ja noch in Ordnung mit diesem »Vor-der-Nase-Tür-Zuknallen«. Die kennen das nicht besser, aber diese Ostasiaten sollten freundlicher sein.

Ich stampfe von der »Thai-Bar« zum nächsten Haus. Dort angekommen lässt mich die Oma vor der Tür stehen und geht in ihre Küche, um Wasser zu kochen. Die Oma bewegt sich mit ihrer neuen Hüfte noch lahmarschiger als ich auf dem Glatteis. Das soll was heißen, wenn man bedenkt, dass ich die ganze Zeit auf allen vieren krieche!

Nach einer halben Stunde rufe ich durch das Schlüsselloch: »Bringen Sie mir bitte auch eine Möhre mit! Dann bin ich als Schneemann perfekt!«

Als sie endlich wieder da ist, schütte ich die Hälfte des kochenden Wassers auf meine Füße, um sie aus dem Packeis zu befreien. Meine Schuhe schmelzen. Das Eis bleibt!

»Wozu brauchen Sie eigentlich die Möhre, junger Mann?«, lispelt sie. Ich lispele wegen der Kälte, sie lispelt, weil sie ihre dritten Zähne verlegt hat.

»Vielleicht kriege ich damit den Wagen auf«, versuche ich zu stottern.

»Was die neuen Autos heutzutage alles können«, wundert sie sich.

Mit dem neuen Auto meint sie meinen grasgrünen Franz-Josef. Baujahr 68, von Null auf Hundert in drei Minuten und zwölf Sekunden. Logisch! Wenn man als junges Mädchen noch Napoleon persönlich kennen gelernt hat, dann ist alles neu. Selbst ein Ford-Transit wird dann zum Wunderwerk der Technik.

Ich kippe das heiße Wasser auf das Schloss. Mit Hilfe des Schlüssels öffne ich auch das kleine Deckelchen am Schloss und gieße das restliche Wasser hinein. Nichts! Nur der Schlüssel ist total verbogen. Dieser Franz-Josef ist genauso stur wie sein ehemaliger Namensvetter aus Bayern und seine

Nachfolger, wenn es um die Abschiebung von Flüchtlingen geht.

»Scheißgurke! Mistkarre!«, fluche ich und trete mit letzter Kraft ein paar Beulen in die Tür. Durch das heiße Wasser haben sich meine Schuhe samt der Socken endgültig von mir verabschiedet. »Rostbeule! Teufelszeug!« Mit den bloßen Füßen kann ich inzwischen besser treten als mit Schlittschuhen. Meine Füße sind mittlerweile härter und gefühlloser als eine Billardkugel.

Oh, Gott, warum nur diese Eiseskälte?! Warum macht es Dir da oben so eine Freude, mich armseligen Menschen wie einen nassen Hund zittern zu sehen?!

Das hätte ich nicht sagen sollen, prompt setzt ein Schneesturm ein, dass man nicht mal die erfrorene Hand vor den Augen sehen kann.

»Damit du es schätzen lernst, wie schön die Wärme im Sommer ist«, pflegte mein alter Vater immer zu begründen. Das weiß ich auch so! Warum muss ich mir dafür erst eine Lungenentzündung holen und die Familienjuwelen abfrieren?!

Ich kann nicht mehr! Ich will nicht mehr! Ich habe keinen Nerv mehr! Ich suche mir jetzt einen dicken Stein, um die Seitenscheibe einzuschlagen.

Als ich mit dem Gullydeckel zurückkomme, sehe ich, wie ein warm eingepackter Mann seelenruhig die Autotür aufschließt, den Motor startet und wegfährt. Nacheinander sehe ich meine Teegläser, meine Thermoskanne und den großen Spiegel mit lautem Geschepper auf die gefrorene Straße krachen.

An meiner Möhre knabbernd krieche ich auf allen vieren zu meinem Ford-Transit, der mutterseelenallein einen Platz weiter auf mich wartet.

Osman allein im Cockpit

»Ich habe hier wirklich fürchterliche Angst!«, flüstere ich der Kellnerin zu, damit es sonst niemand mitbekommt.

»Dann gehen Sie doch einfach raus«, sagt sie aber nicht. Denn sie ist keine stinknormale Kellnerin, sondern eine deutsche Flugkellnerin. Eine so genannte Stewardess.

»Im Flugzeug mache ich mir vor Angst fast in die Hose«, stottere ich weiter, »besonders wenn ich die vielen russischen Schilder hier überall sehe!«

»Die russischen Charter-Maschinen sind halt am billigsten«, sagt sie, »aber unser Kapitän kennt sich damit bestens aus.«

»Seitdem wir gestartet sind, klappert da oben irgendwas und es tropft mir auf den Kopf! Regnet es da durch?«

»Nein, nein, das ist nur diese kaputte Klimaanlage. Oder vielleicht das Aggregat für den Kabinendruck. Was weiß ich, was die alten Kommunisten da eingebaut haben! Sollen wir Ihnen einen Regenschirm bringen?«

»Wieso haben Sie eigentlich keine Angst? Sie sind doch nur eine Frau!«

»Deswegen ja. Es sind fast immer die Männer, die die Hosen voll haben.«

»Das stimmt doch gar nicht! Seit einem halben Jahr kann ich sogar schon allein im Dunkeln schlafen. Aber meine Flugangst werde ich wohl nie loswerden!«

»Ich rede gleich mal mit dem Piloten. Wenn er etwas Zeit hat, dann können Sie zu ihm nach vorne gehen. Das hilft fast immer!«

»Nein, nein, bloß das nicht! Ich will nicht zum Piloten. Außerdem kann ich kein Wort Russisch! Bestimmt hat der

Mann keine Zeit! Der soll sich bloß um das Flugzeug hier kümmern. Nicht mal bei den öffentlichen Bussen darf man mit dem Fahrer reden!«

»Ich bin gleich wieder da«, haucht sie mir mit der Grabesstimme einer Stewardess ins Ohr, deren Flugzeug in ein paar Minuten abstürzen wird. Oh Gott, diesmal will der Kapitän es mir sogar persönlich sagen, dass wir gleich für immer im Himmel sind! Alle wissen es, selbst die Passagiere! Nur ich nicht! Sie wollen mich doch nur so lange wie möglich hinhalten. Einige Passagiere schleichen mit schneeweißem Gesicht, wie hoffnungslose Geister, die mit ihrem Leben schon längst abgeschlossen haben, durch die Gänge. Einige lachen übertrieben laut und fressen alles Mögliche in sich rein, um von unserem tragischen Schicksal abzulenken. Auch mein Essen verschlingt mein fetter Sitznachbar, ich konnte das nicht mal angucken. Warum soll ich denn essen, wenn ich doch in ein paar Minuten sowieso den Löffel und alle Koffer abgebe?! Ob ich mit vollem oder leerem Bauch in der Hölle schmore, ist doch so was von egal!

Sogar die hinterhältige Person im Reisebüro, wo ich mein Flugticket – besser gesagt, meinen Totenschein – abgeholt habe, war über diesen Absturz bestens informiert. Kaum hatte ich nämlich ausgesprochen, dass ich für heute diesen Flug haben will, wurde sie käseweiß und bekam einen Schüttelfrost nach dem anderen. Um sie richtig auf die Probe zu stellen, sagte ich schnell ein anderes Datum. Da wurde sie dann knallrot bis dunkelgrün und rannte blitzschnell zum Klo, unter dem Vorwand, sie müsse mal, aber in Wirklichkeit, um sich zu übergeben. Dass das mit der Magen-Darm-Grippe eine glatte Lüge ist, merkt doch jedes Kind. Das ist aber auch absolut typisch und immer wieder das Gleiche! Ich kann fliegen, wann ich will, immer ist es mein Flugzeug, das abstürzen soll! Und jeder Idiot ist darüber genau informiert, nur ich nicht! Eine ganz große Verschwörung ist das!

Sogar mein Onkel Ömer, der mich in die Türkei eingeladen hat, steckt vermutlich mit diesen Leuten unter einer Decke. Geheime Regierungskreise oder Aliens trachten mir schon lange nach dem Leben, aber sie wollen es wie einen Unfall aussehen lassen. Mich können sie nicht täuschen, vermutlich sind nicht nur die Besatzungsmitglieder, sondern auch alle Passagiere Roboter beziehungsweise Androiden. Oder das ganze Flugzeug ist voll mit Zombies, die man nur zum Leben erweckt hat, um mich raffiniert zu täuschen. Mein fetter Sitznachbar muss schon etwas länger in der Gruft gelegen haben, so wie der stinkt!

Ich bin mir sogar völlig sicher, dass die ganzen Fernsehkameras aus aller Welt wie die Geier an meinem zukünftigen Absturzort bereits sehnsüchtig auf mich warten. Die werden sich nach meinem Absturz wie die Wilden auf meine Leiche stürzen. Ich werde aber kein Wort mit denen reden und auch nicht winken. Ich werde die unverschämte Meute einfach cool ignorieren. Hoffentlich bin ich auch völlig tot, bevor die Leichenschänder mich entdecken. Wenn nicht, dann helfe ich nach, indem ich mit dem Rauchen anfange.

Oh, nein! Die als Stewardess getarnte Hexe kommt schon wieder direkt auf mich zu.

»Ich habe mit dem Kapitän geredet. Sie dürfen jetzt zu ihm ins Cockpit kommen. Er erwartet Sie bereits.«

Ich tue so, als könnte ich weder Sächsisch noch Hexisch und hätte nichts verstanden. Stattdessen rede ich pausenlos auf meinen verwesenen Sitznachbar ein.

»Welches Deo benutzen Sie im Jenseits eigentlich? Oder meinen Sie wirklich, dass Werder dieses Jahr mit einem Vier-vier-zwei-System spielen sollte?«

»Hey, Sie Angsthase! Sie können jetzt nach vorne zum Chefpilot«, schreit die blöde Ziege mich an.

Wohl oder übel muss ich aufstehen. Ich bin mir sicher, andernfalls würde sie mich an Arsch und Kragen nach vorne schleifen. Sie führt mich zum Cockpit wie zum elektrischen Stuhl. Nur der religiöse Beistand fehlt. Ein Psychologe wäre mir aber noch lieber. Aber nur ein echter, aus Fleisch und Blut! Und kein auferstandener Sigmund Freud. Denn Zombies gibt's hier schon genug!

»Guten Tag«, empfängt mich der Chefpilot sehr freundlich, »Sie brauchen wirklich keine Angst zu haben. Flugzeuge sind mit Abstand die sichersten Verkehrsmittel der Welt.«

»Und runter kommen sie auch immer«, macht sein Kopilot den dämlichsten Witz, den ich kenne.

»Schauen Sie nur, was für herrliches Wetter wir hier oben haben«, sagt der Chefpilot, »wir haben völlig freie Sicht. Sie können kilometerweit gucken.«

Um diesen Anblick zu vermeiden, lasse ich mich wie ein Sack nasser Kartoffeln schlagartig auf den Boden fallen.

»Mensch, gucken Sie doch nach vorne«, warne ich atemlos den Piloten, »uns könnte jederzeit ein Baum oder ein Geisterflieger entgegenkommen.«

»Da kann überhaupt nichts passieren. Ich mach ja gar nichts. Das Flugzeug fliegt sich selbst.«

»Wo steckt dann der Pilot? Die Kellnerin sagte, Sie wären das! Hiiilfee!!«

»Regen Sie sich nicht auf. Entspannen Sie sich. Setzen Sie sich mal hier vorne hin«, bietet er mir den Sessel des Kopiloten an. »Ich erkläre Ihnen jetzt mal die Instrumente.«

Die beiden Piloten zerren mich mit Hilfe der Kellnerin endgültig auf den elektrischen Stuhl und binden mich fest.

»Was machen Sie denn da?«, fragt mich der Chefpilot.

»Ich bete!«

»Das brauchen Sie nicht. Also das hier ist der Höhenmesser...«

»Haben Sie auch einen Pulsmesser für mich?«

Es ist unglaublich! Ich sitze mittlerweile siebzehn Sekunden auf dem Pilotensessel und wir sind immer noch nicht abgestürzt. Ich bin sogar imstande, einen kleinen Witz zu machen.

»Wofür kriegen Sie eigentlich so viel Geld, wenn die Dinger von selber fliegen?«

Gut, das war kein besonders toller Witz. Aber für meine Situation Weltklasse; und für mein Niveau sowieso.

»Jetzt habe ich die Macht«, rufe ich übermütig.

»Nein! Ich habe die Macht!«, ruft der Kopilot hinter mir mit verstellter Stimme.

»Aber ich habe den Steuerknüppel in der Hand«, rufe ich triumphierend.

»Und ich habe eine Pistole!«

Erst jetzt entdecke ich den dritten Mann im Cockpit, der mir eine Waffe an den Kopf hält.

»Wir entführen diese Maschine nach Albanien! Hoch lebe Enver Hodca!«

»Bitte erschießen Sie mich sofort, ich will da nicht hin! Und diesen Hodca kenne ich doch gar nicht!«

»Nur der Pilot bleibt hier! Ihr beiden kommt jetzt mit nach hinten zu meinen Kameraden«, befiehlt der Terrorist.

»Ich bin nicht der Pilot! Ich kann das Ding nicht fliegen! Ich bin zum ersten Mal in meinem Leben in einem Cockpit«, jammere ich.

»Keine Widerrede! Tun Sie, was ich sage!«

»Bleiben Sie einfach so sitzen«, flüstert mir der Kapitän zu, »der Autopilot macht schon alles. Ich komme sofort zurück.«

Bei Allah, das glaubt mir keiner! Grade noch hatte ich ganz normale Flugangst wie jeder andere, saß im Nichtraucherabteil und machte mir in die Hose. Jetzt hocke ich in elftausend Meter Höhe mutterseelenallein im Cockpit einer nach Albanien entführten Zombie-Maschine. Über den Kopfhörer höre ich jemanden was auf Englisch rufen.

»Ei äm Osman. Ich nix Pilot!«, sage ich in fließendem

Englisch. »The Pilot go tu weg! Dis is wan Kitnäpping! Ei äm fleiing tu Tirana!«, rufe ich weiter.

Ich wundere mich selbst, wie gut ich plötzlich englisch sprechen kann. In elftausend Meter Höhe bekommen alle meine verdorrten Talente Flügel. Ich fliege ganz allein eine russische Boing 757 und unterhalte mich auf Englisch mit einem gewissen Herrn Tauwa.

»Ar yu russisch Pilot?«, fragt mich Herr Tauwa im Kopfhörer.

»Ei äm no russisch Pilot!«

»Ar yu türkisch Pilot? Birgen Äir? Öger Turs?«

»Ei äm no Pilot! Ei äm very normal Passenger! May Näym is Mister Osman Engin. Ei häv Job in Halle for in Bremen. Ei leif sörty Jährs in Germany. Ei äm Passenger very very Angst. Deswegen kaming hier in Kokpit. Aber hier very alleine. Kevin allein in home, Osman allein in Kokpit! Yu verstehen?«

»Ar yu äfrikän Pilot?«, fragt der Kopfhörer.

»Ei äm nix Pilot, du Idiot! Muss denn jeder, der ein läppisches russisches Flugzeug fliegt, gleich Pilot sein?«

Dann versuche ich es noch auf Deutsch und auf Türkisch. Keine Reaktion. Also über Mallorca, Gran Canaria und Kreuzberg sind wir nicht.

»Kän yu sii Eiffelturm?«, fragt der Kopfhörer. Ich schaue lange nach unten, nach rechts und nach links. Aber ich kann nichts dergleichen entdecken.

»Nix Eiffelturm! Nur Woter, anasini satayim!«

»Yu ar very gut Pilot«, versucht er mich aufzumuntern.

»Ei äm nix Pilot, verdammt noch mal, du Penner . . . äh, Herr Tauwa! The Pilot is going nach hinten änd is nicht wiederkaming. The Situeyschin is very very Scheiße! Sogar Bombok! Dis is wan Kitnäpping. The Gängster denkt ei äm Pilot. Yu denk auch ei äm Pilot. Ei äm aber nix Pilot! Ei äm Osman. Und ei äm very Angst. Stuardes gesagt, kaming

Kokpit. Ei äm gesagt, no no, nix Interesse. Ei äm aber dann doch kaming, jetzt is the Kacke am dampfing! Ei äm the Vogel gleich notlanding! Yu ar vorbereiting!«, rufe ich von meinem Pilotensessel aus, den Blick todesmutig gen Horizont gerichtet.

»Yu ar nix Notlanding, ei äm doch kaming«, höre ich die Stimme des Piloten direkt hinter mir.

»Yu ar . . ., ich meine, haben Sie den Funkverkehr mitgehört?«, frage ich erleichtert und mir fallen pyramidengroße Steine vom Herzen.

»Nicht nur wir, sondern alle Passagiere haben mitgehört«, lacht der Chefpilot. »Sie sprechen ja ein herrliches Englisch. Mit unserem Chefsteward Wolfgang zusammen spielen wir dieses kleine Theaterstück mit jedem, der Angst vorm Fliegen hat. Dis wörking Wonder!«